古宝奇观

王渝生　主编

中国大百科全书出版社

图书在版编目（CIP）数据

古宝奇观 / 王渝生主编 . -- 北京 ： 中国大百科全
书出版社，2025. 1. -- ISBN 978-7-5202-1763-7

Ⅰ．K87-49

中国国家版本馆 CIP 数据核字第 2025YW5507 号

出 版 人：刘祚臣
责任编辑：刘敬微
责任校对：黄佳辉
责任印制：李宝丰
出　　版：中国大百科全书出版社
地　　址：北京市西城区阜成门北大街 17 号
网　　址：http://www.ecph.com.cn
电　　话：010-88390718
图文制作：精　呈
印　　刷：唐山富达印务有限公司
字　　数：100 千字
印　　张：8
开　　本：710 毫米 ×1000 毫米　1/16
版　　次：2025 年 1 月第 1 版
印　　次：2025 年 1 月第 1 次印刷
书　　号：978-7-5202-1763-7
定　　价：48.00 元

编 委 会

主编：王渝生

编委：（按姓氏音序排列）

程忆涵　杜晓冉　胡春玲　黄佳辉
刘敬微　王　宇　余　会　张恒丽

目　录

故宫金砖知多少

在民间传说中，古代皇帝居住的宫殿都是用金砖铺地。皇宫装饰极尽奢华众所周知，可是连地砖都是用黄金做的，听起来太不可思议了！

真相究竟如何呢？原来，所谓的金砖并非真是用黄金做的，它实际上也是用泥土烧制而成，从这一点上讲，金砖与一般地砖也没什么不同。

砖的简史

砖是一种常见的建筑材料，用途十分广泛。早在春秋战国时期，人们就陆续创制了方形砖和长形砖。到了秦汉时期，制砖的技术、生产规模、品质、花色款式均有了显著发展，人们常用"秦砖汉瓦"来指代这一时期精湛的建筑工艺。在中国古代建筑中，除木结构建筑之外，最常见的当属砖结构建筑。

西汉青龙纹瓦当

故宫是中国现存规模最大、保存最完好的古建筑群。位于明清北京城内中部，自明永乐十九年（1421）至清末（1911），是明清两个朝代的皇宫。古代皇宫是禁地，又有紫微垣为天帝所居的神话，故称宫城为紫禁城。1925年在此建故宫博物院后，通称故宫。1961年，被国务院公布为全国重点文物保护单位。1987年，被列入《世界遗产名录》。

战国时期，砖主要用于砌筑筒壳墓室。秦咸阳宫用刻花砖板铺地，用空心砖作台阶。汉墓已用砖砌穹隆，西汉明堂辟雍和王莽宗庙中用方砖墁地。晋朝、南北朝时期，开始用砖砌筑地上建筑，如用砖砌塔、城墙等。到了唐代，砖普遍用于砌筑佛塔建筑，但宫殿、寺庙依然使用夯土墙而不用砖墙。两宋时期的宫廷建筑，砖墙的利用率已远超前代。

秦代龙纹空心砖

直到元代，房屋建筑才普遍开始用砖砌墙。明清以后，渐成惯例。唐代以前砖的品种规格已无迹可寻，对实物亦缺乏系统研究。直到北宋李诫所著的《营造法式》一书中，才对砖的品种、规格有了周详的介绍。

明清以后，砖的品种逐渐减少，主要是条砖和方砖，但规格却日益增多，最大的城砖长一尺四寸七分，最大的铺地方砖边长二尺四寸。砖的质量较前代也有了质的飞跃，最上乘的当属江南七府为宫殿特制的方砖，其坚如钢铁，润如墨玉，敲之其声如磬，所以得名"金砖"。

明代崇武城墙

金砖的由来

金砖是一种两尺见方的大砖。自北京故宫营建之初，就一直为皇家专用。故宫主殿均铺有金砖，主要以太和殿、中和殿、保和殿为主。皇陵、天坛等皇家建筑群也有使用。

所谓金砖，并非真用黄金制成，而是用泥土烧制而成。明代称"方砖"；万历以后，多加"细料"二字，故又称"细料方砖"。清初顺治时期沿称"细料方砖"；顺治以后，逐渐称"金砖"；嘉庆时期，称"见方金砖"。

金砖具有光润耐磨、越擦越亮、不滑不涩等特点，既可以防止地下潮气上升，又可以把宫殿衬托得更加壮丽。金砖的烧造历史可追溯至明初。明永乐四年（1406），明成祖朱棣迁都北京，大兴土木营建故宫，并甄选苏州府烧制的细料方砖专供皇家使用。苏州是明代漕运的枢纽要地，河床内富有多年沉积的胶泥，其质地细腻，富含多种矿物质，是制作金砖的上等原料。

皇宫里铺的地砖真的是用黄金做的吗？

北京故宫太和殿共铺设有4718块油润如玉、光亮似镜的地砖，这些地砖质地密实，走在上面不滑不涩，而且还叮叮有声，脆若金石，这就是传说中的"金砖"。

北京故宫宁寿宫皇极殿

11

据明代宋应星所著的《天工开物》记载，制砖之泥"皆以粘而不散，粉而不沙者为上"。以乾清宫、坤宁宫左右廊间通道的金砖地面为例，几百年来历经亿万人次的踩踏，只有少量磨损，足见其质量之优。

你问我答

问：金砖为啥叫金砖？

答：民间大约流传着三种说法：一是金砖由苏州所造，运送至京城，称为"京砖"，后来演变成了"金砖"；二是金砖烧成后，质地极为坚硬，敲击时会发出金属的声音，宛如金子一般，故得名；三是明代的一块金砖价值一两黄金，极为昂贵，民间唤其为"金砖"。

金砖的烧制

金砖的烧制方法独特，工艺极为复杂，从选土练泥、踏熟泥团、制坯晾干、装窑点火、文火熏烤、熄火窨水，到出窑磨光，需要很长时间。明代宋应星的《天工开物》和张向之的《造砖图说》中对金砖的烧制流程有详尽的记载，大致可分为选土、练泥、澄浆、制坯、阴干、入窑6道主要工序。其中，仅选土一项就要经过掘、运、晒、椎、浆、磨、筛7道工序，之后又要经过6道工序才能成为制坯的泥。金砖的规格分为二尺二、二尺和一尺七见方，同一规格的金砖误差不超过1毫米。金砖的产量也极为有限，据记载，明朝为营建北京城而烧制的5万块金砖，足足花了3年时间。

御窑金砖烧制场景模型

　　金砖不但烧制时间长，成品率也较低，每六七块砖中才能选出一块合格品，再加上官员验收时的刁难勒索，所以每块金砖虽能获得一两多银子的报酬，价格是普通砖的数倍，窑户也多不愿承担。烧窑是苦活，明初皇家建筑所需的金砖数量大，多以囚犯罚充窑工，但也另外需要农民轮班服役当一年的"黑窑匠"。烧好的砖经由大运河运到北京，储存在北京鼓楼前东侧的方砖厂（今方砖厂胡同）。除苏州府外，周边的松江府、常州府、嘉兴府等，均要承担烧制金砖的职责。

　　金砖运到北京后，工部会逐块检验，每块都要"敲之有声，断之无孔"，才能铺墁在皇宫里。墁地的工艺也非常严格讲究，首先要磨砖加工，使砖与砖的接触面严丝合缝，二尺的金砖，每名工人每天只能磨3块。墁地时，一名瓦工加上两名体壮力大的助手，一天也只能墁5块。

清乾隆时期烧制的金砖

御窑金砖独享尊崇

苏州烧造砖材的历史悠久，春秋时期吴国大夫伍子胥营建苏州城时，就地取土，烧砖垒墙，苏州至今还流传着伍子胥用年糕做城砖的传说。苏州制成的金砖坚硬密实，并且地理位置优越，靠近大运河，交通运输方便，金砖可以从水路直达北京通州。数百年来，金砖烧造的工艺代代相传，据史料记载，清光绪三十四年（1908），苏州郊县的御窑村还存有御灶 24 座，金砖也是在这一年停产的。中华人民共和国成立以后，开展全国性文物普查，发现御窑村的村民姚兴民家中还收藏着多块金砖，其中两块是明代正德元年（1506）五月出窑的，当属现存年代最早的边款铭文金砖了。

在众多烧制金砖的御窑中，尤以位于苏州市相城区元和街道御窑社区（原陆慕镇御窑村）的陆慕御窑最为著名。其烧制的金砖，

年糕还可以做城墙？！

年糕是春节期间的一种传统美食，不但味美可口，还有"年高长寿""年年高升"的吉祥之意。

说起年糕，就不得不提起春秋时期的吴国大夫伍子胥。当年，伍子胥帮助阖闾夺得吴国王位。为显示功德，阖闾命伍子胥修建阖闾城。众人都认为有了坚固的城池便可以高枕无忧，伍子胥却深感忧虑，城墙固然可以抵挡敌兵，但如果敌人围而不打，吴国岂不是作茧自缚？于是他嘱咐心腹："如果国家遭难，人民受饥，可在城门下掘土数尺，自可找到食物。"大家不以为然，都觉得这只是一句玩笑话。后来，伍子胥遭陷害自杀身亡，越王攻城，都城真的为越军所困，弹尽粮绝。百姓走投无路时，想起伍子胥的话，便试着去挖城墙，发现那些城砖竟然是糯米做成的，因此才免受饥荒之苦。后来每到寒冬腊月，当地百姓就会做年糕，以此表示对伍子胥的怀念。

时间一久，吃年糕的习俗就广为流传了。

是"陆慕四宝"之一。明永乐初期，陆慕御窑为南京和北京皇宫烧制优质御用金砖，受到明成祖的称赞并赐名"御窑"。明嘉靖中期，工部郎中张向之在苏州三年多，亲自督造金砖五万块，这些金砖多产自陆慕御窑，御窑金砖的烧制进入全盛时期。当时一块金砖的造价高达九钱六分，相当于一石大米的价钱。清代的御窑，除继续为皇宫、官府衙门服务外，也为苏州园林、道观庙宇、巨富达官的厅堂所用。

御窑在经历了明清两代的兴盛后逐渐衰落，金砖也随之消失。但长期以来，御窑村烧砖制瓦的传统世代承袭。20 世纪 80 年代，苏州御窑开始抢救金砖烧制工艺，依靠烧窑世家祖辈口述流传下来的经验，经过多年努力，这一传统工艺终于被成功复活。1990 年，北京故宫维修时首次使用了新烧制的金砖。

御窑民谣

御窑要唱御窑经，
御窑砖瓦有名声，
御窑两字皇帝赐，
六百年来到如今。

古代的"免死金牌"——丹书铁券

在中国古典小说《水浒传》中，有多处提到"小旋风"柴进家祖传的一个特殊物什——"丹书铁券"。据书中描写，柴家因为持有丹书铁券，享有某种特权："祖上有陈桥让位之功，先朝曾敕丹书铁券，但有做下不是的人，停藏在家，无人敢搜。""我家也是龙子龙孙，放着丹书铁券，谁敢不敬？"书中提的丹书铁券是什么？为什么有那么大的威力？

丹书铁券从何来

丹书铁券是古代帝王颁授给功臣、重臣的一种特权信物，又称丹书铁契，即民间叙事中所说的"免死牌""免死金牌"。帝王颁授丹书铁券的制度始于汉高祖刘邦。刘邦本是秦朝的一介亭长（掌治安的小官），适逢秦末乱世，趁机而起，征战多年，登上皇帝之位。建汉之初，刘邦为了巩固政权，对那些曾经助他登上帝位的元勋，特赐丹书铁契以作褒奖。即史书中所载的"又与功臣剖符作誓，丹书铁契，金匮石室，藏之宗庙"。将皇帝与功臣的信誓用朱砂涂写在铁券上，装进金盒子里，藏于用石头建成的宗庙内，以示郑重。

丹书铁券出现于西汉，但其前身——古人"剖符作誓"的信用形式在西汉之前即已存在。"符"是"符节"，"誓"即"盟誓"。符节是封建帝王传达命令、征调兵将以及应用于其他事务的一种信用凭证，材质有金、铜、玉、角、竹、木、铅等。一般是将符节中分为二，双方各执一半，用时合验，以证真伪。根据符节的用途不同，其形也异，如用以驿传邮递的铜马节，用以调兵遣将的铜虎节，用以征免税收的铜竹节，其他还有牛、鸾、燕等造型。盟誓则是古人订盟立约的一种仪式：歃血为盟，对天盟誓，然后将记录盟辞的盟书与牺牲埋入地下，如有违背，犹如此牲。

战国时期秦国的虎符

《水浒传》

《水浒传》是明代长篇小说，与《三国演义》《红楼梦》《西游记》并称为中国古代"四大名著"。作者施耐庵。

小说取材于北宋末年宋江起义的故事，生动地再现了封建时代一次农民起义从发生、发展到失败的全过程，深刻地揭示了封建统治阶级的残暴、腐朽，反映了"官逼民反"的社会现实。故事情节生动曲折，引人入胜，语言明快洗练，生动传神，成功塑造了一批个性鲜明的英雄形象。

陈桥兵变

宋朝开国皇帝赵匡胤原是五代时期后周的殿前都点检，统率禁军，负责防守京师。960年，赵匡胤北上抵抗辽军，行至开封以北的陈桥驿时，诸将领把准备好的黄袍披在"饮醉"的赵匡胤身上，拥立其为皇帝。赵匡胤随即回师夺取了后周政权，改国号为宋，以开封为东京，作为都城，史称北宋。

东汉时，丹书铁契易名为丹书铁券。北魏时，孝文帝经常为宗亲、近臣颁授铁券，甚至还出现了大臣向皇帝乞求铁券，以作护身之符的现象。隋唐时期，帝王颁授丹书铁券已成惯制，其范围涉及开国功勋、中兴大臣、民族首领，甚或宠臣、内宦等。到了宋代，宋太祖赵匡胤"黄袍加身"，从后周柴家手中谋得皇位，为了安抚民心，下旨厚待柴氏子孙，赐柴氏丹书铁券。这也是《水浒传》中柴进家中有丹书铁券的历史依据。

明初，朱元璋创建了历史上最完备的铁券制度，从法律上规范了丹书铁券的颁授对象，明晰了丹书铁券的权限范围。如其颁授对象，仅限于立有军功，被封为公、侯、伯爵的勋臣。洪武三年（1370），李善长、徐达、李文忠等34人获公爵、侯爵封号，并被赐予金书铁券。明成祖朱棣曾为邱福等26位"靖难"功臣颁授铁券。明中后期，仍不时有功臣及其后裔获赐铁券。明末，崇祯帝还曾给大宦官魏忠贤的侄子魏良卿颁赐铁券。清代，丹书铁券制度被废止。

丹书铁券长啥样

因为早期的铁券是以朱砂填涂文字，故称丹书铁券。丹即丹砂、朱砂，用朱砂填涂文字，可使颜色纯正，又能使色彩经久不褪；以铁为券（契据），取其坚固、久存之意。后世也用白银或黄金填嵌铁券上的文字，以示尊贵与郑重，如南朝梁时以白银填字，称为"银券"；北魏时以黄金填字，称为"金券"。

形制上，唐代之前的铁券形如覆瓦；唐代之后的铁券状如筒瓦。内容上，铁券的凸面刻有受赐者的履历、功绩与封号，凹面则镌有免罪、减禄的具体内容。铁券分左、右两块，左券颁给功臣，右券藏于内府，遇到特殊情况，将两券合在一起以验真伪。

青海省档案馆收藏的明英宗天顺二年（1458）李文铁券，外形呈半弧形覆瓦状，长37.5厘米、宽21.2厘米、厚0.25厘米，重1.3千克。铁券凸面为正面，镌刻明英宗诰命制文，共206字，颜体正楷，每字约1平方厘米，阴文嵌金，全文从右至左竖向排列，记录了李文的战功及获赐的封赠。铁券凹面正中镌有"若犯死罪，禄米全不支给"10字，竖排一行，左上角刻一个"右"字。

明英宗天顺二年（1458）
高阳伯李文金书铁券

明代对铁券的尺寸做出了详细的规定。将铁券分为七等，其中公爵分为二等，侯爵分为三等，伯爵分为二等。各等铁券大小不一，最大的公爵一等铁券高一尺，宽一尺六寸五分；其他各等铁券，大致是每等在高和宽两方面都递减五分；最小的伯爵二等铁券高七寸，宽一尺二寸五分。

丹书铁券有啥用

铁券的券文是以皇帝的名义刻上的敕文。唐代之前的铁券，券文较为简单，并无定制；从唐代开始，铁券上的文字已呈现出明显的制式化。唐代至明代的铁券券文，大致包括四个方面的内容：一是记录颁赐铁券的日期，颁赐对象的姓名、官爵、邑地；二是记载颁赐对象对朝廷的功勋业绩；三是皇帝赐予的特权内容，如免死次数等；四是皇帝的圣言。有时，券文上还有"如违此誓，天不盖，地不载，国祚倾危"的誓言，以示信用。根据不同朝代的法律规定，持有铁券的功臣、重臣及其后代子孙，可以享有皇帝赐予的诸多特权。

唐昭宗乾宁四年（897）钱镠铁券

汉代的铁券只是一种身份与荣誉的象征，其上并无免罪条文，持券者触犯刑律也难得赦免。最晚在南北朝时期，铁券开始具有"免死"功能。早期铁券的免死次数大多在3次以下；北魏至唐代，免死次数不断增加，多者可达7—10次；唐代后期，受赐铁券者的子孙还可以凭铁券免死1—3次。

为了限制铁券的特权，明洪武五年，明太祖朱元璋诏令工部铸铁榜，以成文的形式对铁券的特权进行了限定，赐给功臣的免死次数也明显减少，魏国公徐达也仅有3次免死机会，大多数公侯都在3次以下。明代法律规定，若受赐者去世，其子孙须将祖上的铁券与内务府所藏铁券勘验、核对，定其功过，从而决定其爵位能否世袭或降除。

"丹书铁券"有时也并不是那么管用

据《旧五代史》记载，唐末五代时期的大将朱友谦在协助后唐庄宗消灭后梁的过程中立过大功，庄宗曾亲手"赐之铁券"，并在其上写道：朱氏及其后代如有不测或麻烦，可以凭此券"恕死罪"。但后来有人在庄宗面前诬陷朱氏，庄宗偏信谗言，"疑其有异心"，竟秘密派人将朱氏"满门抄斩"。朱妻临刑前拿出庄宗所赐的丹书铁券求饶，但仍"惨死于屠刀之下"。可见，丹书铁券虽是皇帝所发，但是否有效、能不能被承认并兑现诺言和保证，最后还是得由皇帝来决定。

丹书铁券存多少

历史上，各朝皇帝颁授的铁券不少，但存世的却极为有限。目前已知的大约有5件：唐昭宗乾宁四年（897）颁赐给吴越王钱镠的铁券，明英宗正统五年（1440）颁赐给会川伯赵安的铁券，明英宗天顺二年（1458）颁赐给高阳伯李文的铁券，明宪宗成化（1465—1487）年间颁赐给保国公朱永的两件铁券。

在这五件传世的铁券中，唐昭宗赐予吴越王钱镠的铁券年代最早，已有千余年历史。钱镠铁券形如覆瓦，长52厘米、宽29.8厘米、厚2.41厘米，重约6.6千克。铁券上嵌金字350个，正文25行，每行14字，全文端楷甚工，记载的主要内容是钱镠征讨董昌的功绩，并因其战功卓著，可免9次死罪，另外还可免其子孙3次死罪。

五代十国

唐朝灭亡后，在中国北方地区相继出现的五个朝代（907—960），在南方及山西先后存在的十个政权（891—979），合称五代十国。

五代是后梁、后唐、后晋、后汉、后周。除后梁的一个短暂时期及后唐定都洛阳外，后梁大部分时期和其他三代都以开封为首都。五代各朝均为前朝方镇所建立，都建国于华北地区，疆域以后梁最小，后唐最大。

十国是前蜀、后蜀、吴、南唐、吴越、闽、楚、南汉、南平（荆南）和北汉。北汉建国于今山西境内，其余九国都在南方。十国与五代并存，但各国存在的时间长短不一。疆域以南平最小，南唐最大。

十五代政权改易迅速，中原战乱频仍，社会经济遭到严重破坏。后周时期这一地区趋于稳定，后周孕育出的赵宋政权更进而结束了十国的局面。南方动乱较小，吴蜀地区继续发展，闽、广、湘、鄂地区也加速了开发过程。

五代顾闳中绘《韩熙载夜宴图》局部

古代的灯具

黑夜自古以来就不是人类的朋友，它不仅限制了人们的各种活动，也为野兽袭击人类提供了机会。数十万年前，随着人类认识的不断提高，火不仅成了人们加工食物最珍贵的财富，也成了人们用来照明、驱逐黑暗的工具。又经过漫长岁月的生活实践，人们逐渐开始有意识地借用一些辅助设备来固定和保存火源。这些设备经过不断地改进和演变，就出现了专用照明的灯具。

"灯"字探源

灯和"灯"字究竟起源于何时？目前尚未发现战国以前名为灯的实物，商代甲骨文中也未见过"灯""烛"之类的字样。据文献记载，西周时期出现的"烛"，应是最早对照明用具的记载。西周时有用易燃材料制成的火把，没有点燃的火把称为燋，用于执持的已被点燃的火把称为烛；

放在地上用来点燃的成堆细草和树枝叫作燎，燎置于门外称大烛，置于门内则称庭燎。战国时期虽还没有发现带有铭文款识的灯具，但在《楚辞·招魂》中却有"兰膏明烛，华镫错些"的记载。古人把"镫"称灯，应是字义的假借，周代的"镫"和"登"通用。《尔雅·释器》记载："木豆谓之豆，竹豆谓之笾，瓦豆谓之登。"《礼记·祭统》云："夫人荐豆执校，执醴授之执镫。"从战国一些豆形铜灯自名为"烛豆"来看，灯应是由豆演变而来的。

甲骨文

商代统治者对很多事情都要占卜。占卜材料主要是龟的腹甲和牛的肩胛骨。占卜时，先在甲骨的背面挖出或钻出一些小坑，称为"钻凿"，再加热这些小坑，使甲骨表面产生裂痕，称为"兆"。

商代后期，往往把占卜的背景和事由、卜兆的吉凶及是否应验刻记在卜甲、卜骨上。这就是一般所说的甲骨文，商代人有时也在甲骨上刻记一些跟占卜无关的事情，通常也称作甲骨文。

华灯初现——战国、秦代灯具

战国时期的灯具以青铜质地为主，主要出土于战国中晚期的贵族墓中，多为贵族实用器。陶质灯应为下层社会所使用，因形制上与传统的陶豆无异，往往被当作陶豆。

人俑灯是战国时期青铜灯中最具代表性的器物。人俑形象有男有女，一俑所持灯盘数量1—3个不等。灯盘有圆环凹槽形和盘形两种，前者有3个支钎，后者多为1个支钎。多枝灯（又称树形灯）

战国时期的人骑骆驼灯

也是战国青铜灯具的一个重要品类，河北平山中山王墓出土的一件十五连枝灯，如同一棵繁茂的大树，有 15 个灯盏，灯盏错落有致，枝上饰有游龙、鸣鸟、玩猴等，情态各异，妙趣横生。战国时期玉质灯具极为少见，故宫博物院藏的勾连云纹青玉灯为传世品，也应是上层社会的实用器具。秦代灯具，出土实物不多，据《西京杂记》记载："高祖初入咸阳宫，周行库府，金玉珍宝，不可称言。其尤惊异者，有青玉五枝灯，高七尺五寸。作蟠螭，以口衔灯。灯燃，鳞甲皆动，焕炳若列星而盈室焉。"实物以咸阳塔儿坡秦墓出土的两件雁足灯最具代表性，灯形为一大雁之腿，股部托住一环形灯盘，盘内有 3 个灯钎。这说明秦代也有不少华丽的灯具。

精巧实用——汉代灯具

汉代灯具的使用已相当普及，无论在材质、种类或制造工艺上都有了新的发展，数量也显著增多。从质地看，在青铜灯具继续盛行、陶质灯具逐渐成为主流之外，还出现了铁质、石质灯具。从功用上看，除原有的座灯外，又出现了行灯和吊灯。汉代盛行"事死如生，事亡如存"的丧葬观念，作为日常生活用品的灯具也成为常见的随葬品，还有专门为了随葬而生产的明器陶质灯具。

汉代的青铜灯具也出土于王族大墓中，多为实用器和宗庙用器。从类型上可分人俑形灯、兽形灯和仿日用灯三大类。与战国时期青铜灯具相比，汉代灯具最大的变化是出现了一批以长信宫灯、错银铜牛灯和彩绘铜雁鱼灯等为代表的带烟道式座灯。这种灯具一般由灯盘、灯罩、灯盖、烟道和具有收集烟灰功能的器座组成，灯盘上有烛钎，可插蜡烛。灯罩由可移动的弧形屏板构成，既可挡风，又可随意调整光的方向和强弱。灯盖可起到遮挡灯烟外溢并让其通过烟道进入储有水的器体中，应是世界上最早的环保灯。

我国古代的陶质灯具以汉代最为精致，可分为单枝灯和连枝灯两大类。单枝灯以豆形灯较为常见，各种人形灯、动物形灯亦比较丰富。如河南济源泗涧沟西汉墓出土的红绿釉陶长明灯，灯盘作展翅翘尾的金鸟形，盘下塑有兔形圆柱，柱下塑有蟾形座。以金鸟象征太阳，兔和蟾象征月亮，意为长明。连枝灯造型别致生动，常装饰各种动物和百戏人物。河南洛阳涧西七里河东汉墓和济源泗涧沟西汉墓出土的陶百花灯，主体由灯座、灯柱及曲枝盏三部分组成，灯座似群峰环绕的山峦，其上装饰有人及羊、狗、虎、鹿、猴等动物，灯柱直立灯座之上，12枝曲枝灯盏分4层环布灯座和灯柱间，是古代陶灯的代表。

东汉彩绘陶百花灯

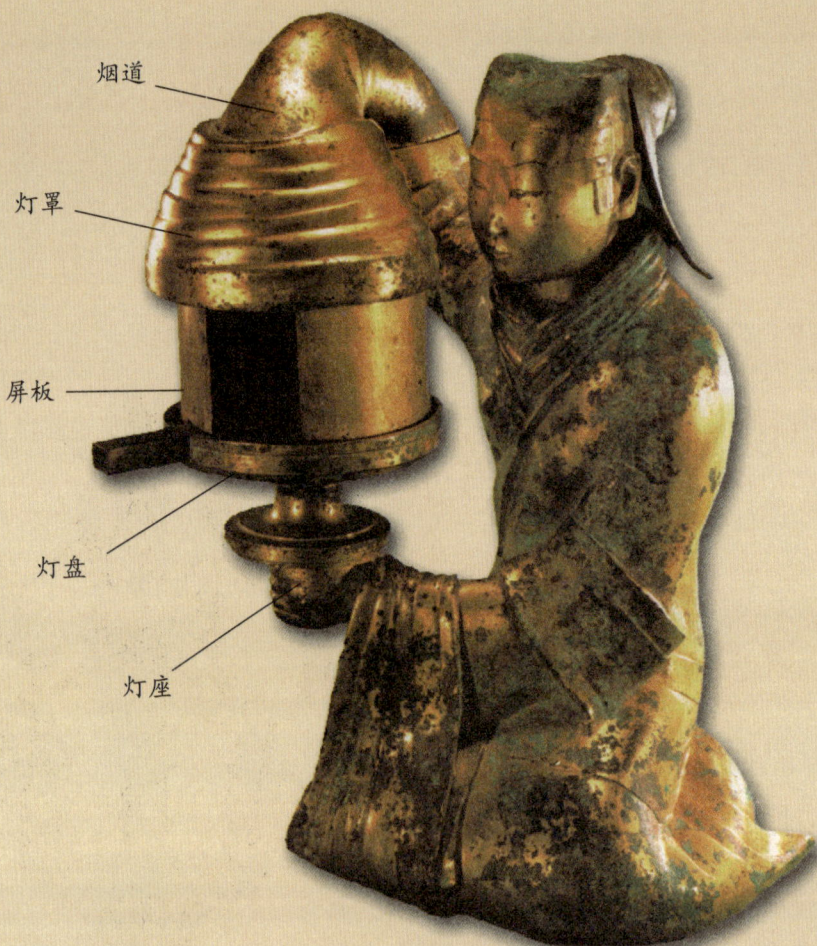

烟道

灯罩

屏板

灯盘

灯座

长信宫灯

　　河北满城汉墓 2 号墓（窦绾墓）出土的人形铜灯。全器作宫女跪坐持灯状，通体鎏金，通高 48 厘米，由宫女的头部、身躯和左臂（持灯）、右臂、灯座（分上、下两部分）、灯盘、灯罩（由两片屏板组成）6 个部分分别铸造后组合而成。灯盘可以转动，灯罩可以开合，可根据需要调节照明度和照射方向。烛火的烟臭可以通过宫女的右臂进入体内，使烟臭附着于宫女体腔以保持室内的清洁，具有一定的环保作用。

　　灯上共刻铭文 65 字。根据铭文内容可知，此灯最初的主人应是汉武帝之姊阳信长公主，阳信长公主将此灯献给窦太后，窦太后又赐给了窦绾。

走向世俗——魏晋南北朝至宋元灯具

魏晋南北朝至宋元时期，灯烛作为照明用具的同时，也逐渐成为祭祀和节庆等活动的必备用品。唐宋两代的绘画，特别是壁画中，常见有侍女捧烛台或烛台上点燃蜡烛的画面。宋元的砖室墓中，也常发现在墓室壁上砌出的灯擎。这一时期的青铜灯具走向末端，陶瓷灯具尤其是瓷灯已成为灯具中的主体；随着石雕工艺的发展，石质灯具也开始流行；铁质、玉质灯具和木质烛台也有出土。由于材质的改变，灯具在造型上也发生了较大变化，盏座分离，盏中无烛钎成为灯具最基本的形制，多枝灯已很难见到。总体上，魏晋南北朝至宋元时期的灯具可以分成三大类。

第一类是带有承盘形座的灯具。可分为两种：一种是上有圆盘形灯盏，如江苏南京出土的三国时期青瓷熊灯，熊蹲在承盘内，用

西晋青釉人骑辟邪形烛台　　　　　　唐代白釉塑贴盘龙烛台

29

头顶着灯盏。另一种是有两层承盘，上有一圆柱体，既可直接插入烛把，又可承托小型灯盏，以隋唐时期瓷灯和三彩灯台居多。由于其具有插置烛把和承托灯盏两重功用，这类灯具又多称灯台或烛台。比如湖南省博物馆藏的一件隋代黄釉烛台，下部是带高足的圆盘，中部为空心柱，上部则是带有承盘的圆柱体。

第二类是以卧羊、狮为造型的烛台和圈足宽沿瓷灯。如浙江余姚的越窑卧羊烛座，在羊头正中设置了一圆形洞用来插置烛把。

第三类是用单体的碗、盘和钵作灯盏和烛托的灯具。宋元时期，这类灯盏更多，特别是砖室墓的墓室灯擎上所托的灯盏也多是一件小瓷碗或瓷钵。河南安阳张盛墓出土的一组侍女俑群中，就有手托烛盘的女俑。推测在宋代民间，可能大量采用小碗或小钵作灯盏。在这种单体碗、碟类灯盏的基础上，宋代还出现了一种省油灯，这种灯又称夹瓷灯或清凉盏。陆游《斋居纪事》云："书

西晋青釉羊形烛台

电灯发明简史

1809 年，H. 戴维用 2000 节电池和两根炭棒制成了世界上第一盏碳极弧光灯。1893 年，马克斯采用封闭电弧，提高了炭棒的使用寿命。

1854 年，H. 戈伯尔将炭化竹丝放在真空玻璃瓶里通电发光。1878 年，他以真空下用碳丝通电的灯泡获得英国的专利，并开始在英国建立公司，在家庭中安装电灯。

1860 年，J.W. 斯旺明了白炽灯的原型——真空碳丝电灯。

灯勿用铜盏，惟瓷盏最省。蜀中有夹瓷盏，注水于盏唇窍中，可省油之半。"

烛灯齐放，宫灯独尊——明清灯具

明清两代是中国古代灯具发展最辉煌的时期，最突出的表现是灯具和烛台的质地、种类更加丰富多彩，除原有的金属、陶瓷和玉石材质的灯具和烛台外，玻璃和珐琅等新材料的灯具开始登上历史舞台。种类繁多和花样不断翻新的宫灯的兴起，开辟了我国灯具史上的新天地，基本上代表了明清两代灯具的最高水平。

宫灯，顾名思义是皇宫中使用的灯，在清朝内务府造办处设置专门制造宫灯的作坊"灯裁作"以前，宫外采购和地方贡献是宫灯的主要来源，即使在设置灯裁作以后，也有大量灯具是从宫外采购来的。后来，宫灯又反过来间接流入民间，在一定程度上影响了民间灯具的发展。

宫灯主要是以细木为框架，雕刻花纹，或以雕漆为架，镶以纱绢、玻璃或玻璃丝。纱绢灯最早可溯源至南朝宋武帝时期在元宵节上出现的葛丝灯笼，历经千余年发展，明清时期，随着制绢业的发达和

1879 年，爱迪生用直025 厘米的炭化棉线作，使电灯稳定地亮了 45时。几乎在同一时段，斯旺也对白炽灯进行了。

1909 年，W.D. 柯立芝用钨丝替代碳丝，制成了现代钨丝白炽灯。

20 世纪初，出现了霓虹灯、低压钠灯和日光灯等气体放电灯。随着技术的发展，弧光灯、白炽灯在发光、电能效率、使用寿命、安全性等方面已经不可与先进的节能灯相比，白炽灯已逐渐退出市场。

相关工艺的改进，绢纱灯在造型和工艺上都有了长足发展。玻璃灯又称料丝灯，自明朝开始流行，是以玛瑙、紫石英等为主要原料煮浆抽丝，用框合围，上绘彩画。明代郎瑛在《七修类稿》中记载："料丝灯出于滇南，以金齿工者胜也。用玛瑙、紫石英诸药捣为屑，煮腐如粉，然必北方天花菜点之方凝，然后缫之为丝，织如绢状。"宫灯在形制上除圆形外，常见的还有六角形、八角形，也有十二角

北京传统六方宫灯

形的。一般分上下两层，上大下小，很像中国建筑中的亭子。宫灯的骨架由近百块大小不同并刻有花纹的木片黏合而成，灯顶雕龙凤等图案，灯的各面大都绘有精致的山水、人物、花鸟、虫鱼、博古、文玩及戏剧故事等图画，每角上都悬挂各种色彩的缕穗，灯底坠红黄流苏。宫灯里的照明燃料全是蜡烛。宫灯除具有照明的功能外，已经成为精美的工艺品。

宫灯里照明燃料全是蜡烛。从用途来看，既可以是桌上的桌灯、庭院里的牛角明灯、墙壁上悬挂的壁灯，又可以是宫殿内悬挂的彩灯、供结婚使用的喜字灯和供祝寿使用的寿字灯，等等。总之，宫灯作为我国手工业制作的特种工艺品，在世界上享有盛名。根据不同用途而设计出各种各样的造型，不仅和我国古代建筑形式极为协调，即使在今天的一些豪华殿堂和住宅里也能发现宫灯造型的装饰。

　　烛台是明清两代剧院、饭馆等公开场所的常用之物，同时也是宫殿里除宫灯外的主要照明用器。基本上由底座、立柱和带较长烛钎的烛盘三部分组成。从质地上可分为瓷、珐琅、玻璃、金银、玉石和硬木等。在用途上可分为庙堂供器和室内用器两类，并多以成对形式出现。前者形体较大，多以庙堂五供形式出现；后者多为桌上用的小型烛台。从造型上看，主要有带喇叭形座或覆式高足碗座的圆盘式和八角形座的八角盘式两种。在一些珐琅和金银制品中也有人物或动物擎烛盘形的。

　　中国古代灯具种类繁多，不仅有很强的实用性和时代性，而且许多设计新颖、造型别致的灯具，也是精美的艺术品。灯具还从侧面反映了不同时代的民俗文化内涵，特别是自汉代出现元宵节张灯结彩的习俗后，彩灯制作更是历代不衰，直至今天，仍是人们欢庆元宵佳节必不可少的物品。

元宵节

　　中国传统节日。指正月十五，是一年中第一个月圆之夜。又称上元节。正月是农历元月，古代称夜为宵，所以称为"元宵节"。

　　元宵节燃灯始于汉代，至唐代更盛，"火树印花合，星桥铁索开"描述的就是长安元宵节的盛况；明代元宵节成为民众生活的重要组成部分，会连续赏灯10天；清代元宵节是全民共欢的一个民俗节日，还会燃放烟花爆竹助兴。

　　元宵节的传统活动有猜灯谜、吃元宵等，有些地方还有"走百病"的习俗，人们在这天结伴出行，象征祛病除灾、安宁康泰。现在的元宵节活动中还有耍龙灯、踩高跷、划旱船等表演项目。

古代饺子的模样

　　乡土的北方人有一句这样的话："好吃不过饺子。"因为好吃，所以过年的时候一定要吃它。大年初一吃饺子，这是北方人的风俗。饺子在现代早已不是北方人的专爱，南方许多地区也都有饺子，而且一年之中，常常可吃，并不仅限于大年初一。说起来，中国人吃饺子的历史是相当久远了，饺子的年代还真是有些古老了。明代刘若愚的《酌中志》中提到，饺子在明宫中称为"扁食"。说正月初一，"饮椒柏酒，吃水点心，即扁食也。或暗包银钱一二于内，得之者以卜一年之吉"。饺子作为大年初一的约定美食，可能起于明代，而且还有在饺子中包物的特别游戏内容。清代《燕京岁时记》也说，初一"无论贫富贵贱，皆以白面作角（饺）而食之，谓之煮饽饽。举国皆然，无不同也"。这话就有些夸张了，改成"北国皆然"就妥帖多了。当然这里的"国"，也许特指的是京城。

与新年食俗有关的，古时还有名为"破五"的风俗。《民社北平指南》说："初六日谓之破五，破五之内，不得以生米为炊。"北方人不兴吃米饭，倒也无所谓，煮饺子就解决了。《天咫偶闻》说："正月元日至五日，俗名破五。旧例食水饺子五日，北方名煮饽饽。今则或食三日、二日，或间日一食，然无不

"破五"的风俗

农历正月初五，俗称破五，因中国民俗认为之前的诸多禁忌过了初五都可以破，所以得名"破五"。在北方，按照旧的习惯，很多人家都会选择在这一天吃饺子、放鞭炮。破五除了破除禁忌外，还要送穷、迎财神、开市贸易。

食者，自巨室至闾阎皆遍，待客亦如之。"从大年初一起，一连要吃5天饺子，从富贵之家到平民百姓，都是如此，这就是北方人过年的讲究。不过现在这种情形有了很大的改变，不会有人再去连吃5天的饺子了。在更早的唐宋时代，饺子就是美食之一。据明人张自烈《正字通》说，水饺在唐代有牢丸之名，或又称粉角。宋代称为角子，《东京梦华录》说汴京市肆有水晶角儿和煎角子。

《东京梦华录》

追述中国北宋都城东京开封府城市风貌的著作。南宋孟元老著。成书于宋钦宗靖康二年（1127）。分别记载东京的城池、河道、宫阙、衙署、寺观、桥巷、瓦市、勾栏，以及朝廷典礼、岁时节令、风土习俗、商业、文化、交通的发达情况和东京的风貌。

史学界往往把本书与《清明上河图》视同姐妹之作，二者对于考察研究北宋城市经济文化发展史具有重要的意义。

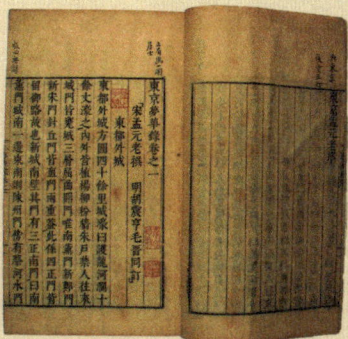

饺子古有牢丸、角子、扁食、水包子、水煮馎馎等名称，也有称为馄饨的时候。北齐颜之推有一语说："今之馄饨，形如偃月，天下通食也。"这偃月形的馄饨，其实就是饺子。因为读到颜氏此语，于是烹饪学界认为饺子起源于南北朝时期，因为这样的馄饨，确实是标准意义的饺子。明代出现专用的饺子名称，《万历野获编》提到北京名食有椿树饺儿，也许是用椿芽做的馅料。特别有意思的是，《万历野获编》引述的是流传于京城中的一些有趣的对偶句，原句是"细皮薄脆对多肉馄饨，椿树饺儿对桃花烧麦"，句中对馄饨、饺子、烧卖已有明确区分。清无名氏《调鼎集》中对饺子与馄饨也有明确区分，不再将它们混为一谈。不过直到今天，有些地方仍是将饺子称为馄饨。饺子和馄饨形状虽有明显不同，食法也有差异，但在有些地方对它们的称谓是含混的，这与历史上没有分清彼此是有关系的，其中的渊源一定可以追溯到颜之推的时代。

故事会

相传清光绪年间，八国联军攻入北京，慈禧太后慌忙出逃时曾路过天津杨村。当天晚上，太后正在闷闷不乐地观赏京戏，突然感到腹中饥饿。御厨们挖空心思，用太后平时最爱吃的童子鸡的鸡胸肉，加上作料调馅，做成了饺子，一粒粒杏核般大小的饺子像颗颗散落的珍珠。太监在太后面前的条案上支起火锅，倒入提前熬好的鸡鸭高汤，点燃下面的木炭。燃烧的火焰在夜幕下不断跳动，恰似盛开的朵朵菊花，太后目睹此景颇为高兴，连连赞好，"太后火锅饺子"由此而得名。

饺子在更早的文献中很难考究明白了，因为"饺"字初始的意义是甜滋滋的"饴"，与馄饨和饺子没有一点儿联系。虽然文献难觅，考古却发现了它的踪迹。有的人可能知道，在新疆吐鲁番阿斯塔那唐墓中曾发掘出不少

阿斯塔那唐墓出土的点心

点心实物，因为那里气候干燥，所以许多面食点心都能完整地保存下来。出土的面食中居然有饺子，无论形状和颜色都保存得相当好，实在难得。这些唐代的饺子，与现代常见的饺子在大小和形状上几乎一模一样。好口福的阿斯塔那唐代居民，是不是只限于大年初一吃饺子，我们已是不得而知了。

考古发现的古代饺子的证据，吐鲁番的阿斯塔那还不算是最早的。在重庆忠县的一座三国时期墓葬中，出土了一些庖厨俑，这些陶塑具有很高的艺术价值，也是饮食文化研究的重要资料。其中有两件陶塑表现古代厨师正在厨案边劳作，厨案上摆放了食料，有猪羊鸡鱼，也有一些果蔬等。仔细看去，厨案的中心位置还摆着捏好的

三国时期庖厨俑

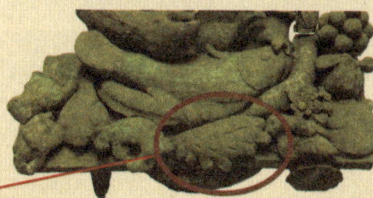

花边饺子！这说明三国时期的长江三峡地区，饺子已成为人们喜爱的美食。这个发现自然就使过去认为饺子起源于南北朝时期的说法失去了意义，而且这是形象标准的偃月形饺子。

还值得提到的是，在山东滕州薛国故城的一座春秋晚期墓中，在一件随葬的青铜簠里见到一种呈三角形的面食，长5—6厘米，食物内包馅状屑物。这应当是迄今所知最早的饺子，只是它的形状还不算太标准，或许是最原始的饺子，但它的样子更像是馄饨。

你问我答

问：为什么煮熟的饺子会浮起来？

答：饺子煮熟后会浮起来的现象是由密度变化和阿基米德原理共同作用的物理过程。

包好的饺子刚放入锅里时，由于饺子的体积小，此时浮力＜重力，水的浮力难以将饺子托起来，饺子的平均密度也比水大，所以会沉入锅底。

饺子在煮熟的过程中，内部的空气、饺子馅、饺子皮受热后开始膨胀，体积开始变大，此时浮力＞重力，饺子的平均密度也减小到小于水的密度，所以会浮起来。

青铜簠

古代祭祀和宴飨时盛放黍、稷、稻、粱等饭食的器具。出现于西周早期后段，盛行于西周末春秋初，战国晚期以后消失。

簠的基本形制为长方体，棱角突折，壁直而底平坦，足为方圈或矩形组成的方圈。盖和器身形状相同，大小一致，上下对称，合起来成为一体，分开则为两个器皿。

西周伯公父簠

流光溢彩的珐琅器

　　珐琅是中国古代工艺品中最晚形成的著名品种。它最初虽是一种舶来品，却在中国迅速本土化。早年珐琅器传入中国后，工匠们曾用瓷胎代替金属胎，对珐琅制作工艺进行改进，创造出被称为"彩瓷皇后"的珐琅彩瓷器。西方各国常用氧化铁作为珐琅器中红色的颜料，这种红色容易被进一步氧化而褪色，但是在中国珐琅器中有一种被称为"中国红"的珐琅彩瓷，其红色是由黄金冶炼而成，这种红色经久耐用，据说永不变色。历经明清两代的发展，逐渐成熟，成为中国工艺美术史上一颗璀璨的明珠。

风采各异的珐琅器

　　把珐琅釉料粉碎、研磨、调和后涂加在经过工艺加工的金属制品表面，再经过干燥、烧制成型、磨光、镀金等制作过程，就能得到一件精美

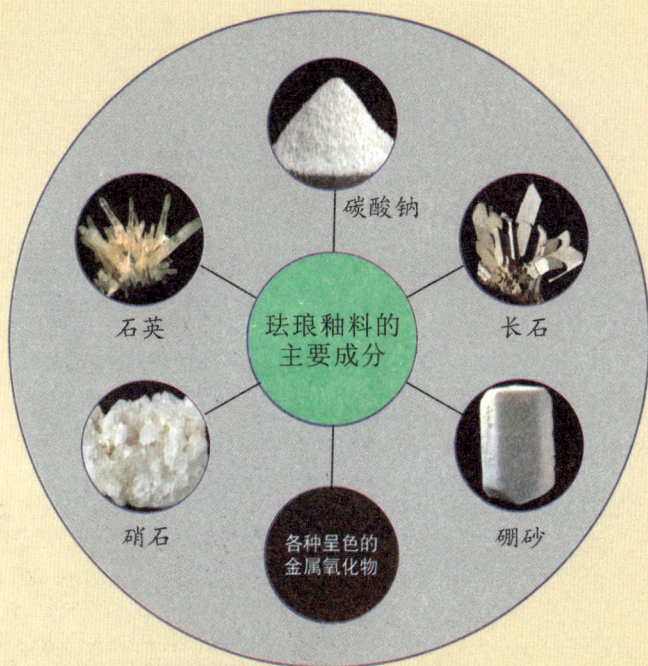

又复杂的珐琅器。珐琅釉料的主要成分为石英、长石、硼砂、硝石、碳酸钠和各种呈色的金属氧化物等，与陶瓷釉、琉璃、普通玻璃同属硅酸盐类，属于低温色釉。

根据不同的加工工艺和对釉料不同的处理方式，珐琅可分为五种类型：錾胎珐琅、透明珐琅、锤胎珐琅、掐丝珐琅和画珐琅。錾胎珐琅又称内填珐琅，其工艺始于公元前20世纪，源自古埃及。錾胎珐琅在古埃及与欧洲各国长期互通有无的过程中传入欧洲，大约13世纪，又通过海上丝绸之路从欧洲传入中国。广州是当时中国海上丝绸之路最大的口岸，錾胎珐琅工艺就是从广州传入中国内地的。我国古代把欧洲称为"弗朗"，而"珐琅"与"弗朗"音近，所以当时广州一带也把珐琅

清代金胎錾胎珐琅嵌画珐琅杯盘

称为"西洋珐琅"或者"洋珐琅"。其基本制作过程是首先制好金属胎，并在金属胎上描绘图案，然后将图案中的空白处錾去，使纹饰轮廓

凸起，向空白的下凹处填充彩色的珐琅釉料，之后再经过焙烧、抛光、镀金、整形等工序。錾胎珐琅常常在胎体上镶嵌宝石。

透明珐琅又称浅浮雕珐琅，起源于13世纪末的意大利，中国最早的实物见于清雍正年间。它的基本制作方法是先在金属胎体上用錾刻或锤花的方法使胎体上形成浮雕的图案，然后将透明的珐琅釉料涂加到整个胎体，再进行反复烧制。浮雕的纹饰还会呈现出粗细、明暗、深浅的变化。透明珐琅常常与金、银、铜胎相结合，做工十分精美，但数量相对较少。

锤胎珐琅起源于清康熙年间，用锤鍱技法加工处理金属胎体锤鍱出图案花纹，然后在纹样凸出的部分点施珐琅釉料，经焙烧、磨光后在凹下的部分饰以镀金而成。锤胎珐琅表面也常常有宝石点缀。

掐丝珐琅本是阿拉伯等国家的传统工艺品，大约于元代传入中国。

清代金胎掐丝珐琅嵌画珐琅执壶

明代，珐琅工艺受到朝廷的重视，有专人生产珐琅制品。制作手法是用金属丝或片在铜胎的表面焊出轮廓，再在轮廓中间的空白处添加各种颜色的釉料，使图案成型，再进行多次焙烧、磨光、镀

明代景泰蓝"鱼耳炉"

金而成。

掐丝珐琅在明景泰年间非常盛行，工艺达到了很高的水平，因初创时多用宝石蓝、孔雀蓝色釉作为底衬色，后来就把这类工艺直接称为"景泰蓝"。清康熙年间，景泰蓝被钦定为宫廷艺术。雍正、乾隆年间，景泰蓝技艺成熟，制造出许多精美的桌椅、床榻和挂屏等。北京是景泰蓝的发祥地，也是最重要的产地。

清代画珐琅牡丹纹花篮

画珐琅是在胎体的表面施加白色的珐琅釉，放入炉窑使珐琅釉烧结，再在烧结好的珐琅胎体表面绘制各种精美的图案，然后放回炉窑中进行焙烧，要经过几十道工序才能最终成型。根据胎体的不同，画珐琅又分为铜胎画珐琅、紫砂胎画珐琅、料胎画珐琅、瓷胎画珐琅。最有名且最具中国特色的要数瓷胎画珐琅，它有个好听的名字——"彩瓷皇后"，又称"珐琅彩"。清朝的统治者们都十分喜爱珐琅彩，尤其是康熙、雍正、乾隆年间，珐琅彩达到了清代制瓷的最高水平。珐琅彩是皇家的御用瓷器，先由景德镇工艺精湛的工匠烧制出

清代画珐琅花果瓜蝶纹高足盘

瓷胎体，再经过长途运输到达京城，请宫廷御用画师绘制，并由宫廷造办处负责二次回窑烧制，统一制作。整个工艺流程十分复杂，每一个环节都会直接影响到珐琅彩的质量。据统计，清代宫廷御制的珐琅彩现仅存几百件。比如，用作珐琅彩的瓷胎需要烧制出像糯米一样黏稠、细腻，带有温润感的糯米胎。这种糯米胎来之不易，首先需要使用专门的高岭土，由最好的工匠将高岭土塑造成型，然后再由最有经验的烧柴师傅烧制，因为炉窑的温度直接决定着糯米胎能否烧制成功，胎体在不同的温度下会发生不同的变化。松木是烧制糯米胎最好的燃料，同时还要控制好火候，而掌握这种烧柴技术的工匠在当时寥寥无几。

硅酸盐

硅、氧与其他化学元素（主要是铝、铁、钙、镁、钾、钠等）结合而成的化合物总称。

大多数熔点高，化学性质稳定，难溶于水，只有碱金属硅酸盐能溶解于水。硅酸盐是无机化合物中极其重要的物质之一，有天然和人造两大类。天然硅酸盐矿物约占地壳质量的95%。硅酸盐也是月岩样品和陨石中的重要组分，水星、金星、火星的表面也有硅酸盐。人造硅酸盐有陶瓷、水泥、玻璃、水玻璃、砖瓦和某些分子筛等。硅酸盐制品和材料广泛应用于各种工业、科学研究及日常生活中。所有的硅酸盐的基本结构单元都是硅氧四面体 $[SiO_4]^{4-}$。

清代珐琅彩怪石花卉图题诗句瓶

故事会

  相传在江西景德镇有一户姓胡的烧瓷世家，烧制的瓷器精美绝伦，在当地很有名气。乾隆帝南巡的时候，当地官员把胡姓人家烧制的瓷器献给了乾隆帝，乾隆帝非常喜欢，于是想请胡姓人家去京城专门为皇宫烧瓷。但这家人世代生活在景德镇，不愿意进京，就将烧瓷的方法传授给了乾隆的工匠。后来乾隆帝在皇宫里建造了一个炉窑，按照胡姓人家的制作方法专门烧制珐琅彩。为了区别胡姓，这口炉窑被命名为"古月轩"。

清代黄地珐琅彩带耳
葫芦扁瓶

鉴别珐琅的基本知识

  好的珐琅器胎体十分细腻、均匀，仿制品往往胎质疏松；珐琅釉料颜色以温和、滋润为好，纯度高但不刺眼，仿制品釉一般是用化学物质调配而成的，虽然纯度高但没有用矿物粉末调色的颜色温和；珐琅器中的珐琅彩是皇家御用品，按照最高标准绘制，其画工相当精致，一般的仿制品不可能达到皇家的精细程度。清康熙、雍正、乾隆年间制作的珐琅彩，以盘、碗、碟、瓶、壶等造型居多。从落款上看，康熙年间烧制的珐琅彩落款为蓝色彩料楷体字"康熙御制"，雍正年间的珐琅彩落款为楷体"大清雍正年制"和"雍正年制"，乾隆年间的珐琅彩落款为蓝色釉料楷体"乾隆年制"或"乾隆通宝"。另外，珐琅彩中含有化学元素"硼"，其他彩瓷一般不含有这种元素。用傅里叶红外光谱仪等现代化的科技手段可以检测出其中的元素成分并加以鉴别。

  珐琅器是西洋文化与中国文化相结合的代表，是东西方长期交流、融合的结晶。欣赏珐琅器这种舶来的工艺品，不仅要对西方历史文化、风俗习惯、工艺技术有一定了解，还要联系中国历代统治者对待珐琅的态度并结合中国传统艺术进行综合评价。面对珐琅器这种精美富丽的工艺品，我们不能仅从外观、工艺上去理解其中的内涵，更重要的是通过对其外在图案、器形、落款等元素进行分析，联系制作珐琅器的时代背景，与古人进行对话和心灵上的碰撞，这才是欣赏珐琅器的最高境界，也是珐琅器价值的最好体现。

化学元素中的"硼"

硼在人们生活中无处不在，可以作为农业、机械、化工、医药等领域的原料，还是高等植物和许多高等动物包括人类在内不可或缺的元素。但硼在地壳中含量仅有 0.001%，其中大部分以三氧化二硼（B_2O_3）的形式存在。

硼的化合物有硼酸、硼砂、硼酸盐、硅硼酸盐等，硼砂是人类最早利用的含硼的化合物，这一历史可追溯到古埃及时期。但直到 1808 年，英国化学家 H. 戴维通过电解熔融的三氧化二硼，得到了棕色的粉末硼，人类才第一次从含硼化合物中制备出单质硼。1909 年，E. 温特劳布用氢和三氯化硼混合气流在水冷铜电极的电弧上还原，终于制得高纯硼。

元素周期表

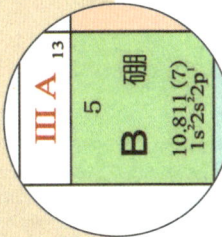

ⅢA 13
5 B 硼
10.811(7)
1s²2s²2p¹

图例说明

说明	
原子序数 (1)	26
元素符号 (3)	Fe 铁 (2) 元素名称
原子量 (5)	55.847
	3d⁶4s² (4) 价电子组态

图例颜色：金属 ／ 非金属 ／ 半金属 ／ 稀有气体 ／ 过渡元素

周期表主体

周期 \ 族	ⅠA 1	ⅡA 2	ⅢB 3	ⅣB 4	ⅤB 5	ⅥB 6	ⅦB 7	Ⅷ 8·9·10	ⅠB 11	ⅡB 12	ⅢA 13	ⅣA 14	ⅤA 15	ⅥA 16	ⅦA 17	0 18
1	1 H 氢 1.00794(7) 1s¹															2 He 氦 4.002602(2) 1s²
2	3 Li 锂 6.941(2) 2s¹	4 Be 铍 9.012182(3) 2s²									5 B 硼 10.811(7) 2s²2p¹	6 C 碳 12.0107(8) 2s²2p²	7 N 氮 14.0067(2) 2s²2p³	8 O 氧 15.9994(3) 2s²2p⁴	9 F 氟 18.9984032(5) 2s²2p⁵	10 Ne 氖 20.1797(6) 2s²2p⁶
3	11 Na 钠 22.98976928(2) 3s¹	12 Mg 镁 24.3050(6) 3s²									13 Al 铝 26.9815386(8) 3s²3p¹	14 Si 硅 28.0855(3) 3s²3p²	15 P 磷 30.973762(2) 3s²3p³	16 S 硫 32.065(5) 3s²3p⁴	17 Cl 氯 35.453(2) 3s²3p⁵	18 Ar 氩 39.948(1) 3s²3p⁶
4	19 K 钾 39.0983(1) 4s¹	20 Ca 钙 40.078(4) 4s²	21 Sc 钪 44.955912(6) 3d¹4s²	22 Ti 钛 47.867(1) 3d²4s²	23 V 钒 50.9415(1) 3d³4s²	24 Cr 铬 51.9961(6) 3d⁵4s¹	25 Mn 锰 54.938045(5) 3d⁵4s²	26 Fe 铁 55.845(2) 3d⁶4s² ／ 27 Co 钴 58.933195(5) 3d⁷4s² ／ 28 Ni 镍 58.6934(2) 3d⁸4s²	29 Cu 铜 63.546(3) 3d¹⁰4s¹	30 Zn 锌 65.409(4) 3d¹⁰4s²	31 Ga 镓 69.723(1) 4s²4p¹	32 Ge 锗 72.64(1) 4s²4p²	33 As 砷 74.92160(2) 4s²4p³	34 Se 硒 78.96(3) 4s²4p⁴	35 Br 溴 79.904(1) 4s²4p⁵	36 Kr 氪 83.798(2) 4s²4p⁶
5	37 Rb 铷 85.4678(3) 5s¹	38 Sr 锶 87.62(1) 5s²	39 Y 钇 88.90585(2) 4d¹5s²	40 Zr 锆 91.224(2) 4d²5s²	41 Nb 铌 92.90638(2) 4d⁴5s¹	42 Mo 钼 95.94(2) 4d⁵5s¹	43 Tc 锝 [98] 4d⁵5s²	44 Ru 钌 101.07(2) 4d⁷5s¹ ／ 45 Rh 铑 102.90550(2) 4d⁸5s¹ ／ 46 Pd 钯 106.42(1) 4d¹⁰	47 Ag 银 107.8682(2) 4d¹⁰5s¹	48 Cd 镉 112.411(8) 4d¹⁰5s²	49 In 铟 114.818(3) 5s²5p¹	50 Sn 锡 118.710(7) 5s²5p²	51 Sb 锑 121.760(1) 5s²5p³	52 Te 碲 127.60(3) 5s²5p⁴	53 I 碘 126.90447(3) 5s²5p⁵	54 Xe 氙 131.293(6) 5s²5p⁶
6	55 Cs 铯 132.9054519(2) 6s¹	56 Ba 钡 137.327(7) 6s²	57~71 La~Lu 镧系	72 Hf 铪 178.49(2) 5d²6s²	73 Ta 钽 180.94788(2) 5d³6s²	74 W 钨 183.84(1) 5d⁴6s²	75 Re 铼 186.207(1) 5d⁵6s²	76 Os 锇 190.23(3) 5d⁶6s² ／ 77 Ir 铱 192.217(3) 5d⁷6s² ／ 78 Pt 铂 195.084(9) 5d⁹6s¹	79 Au 金 196.966569(4) 5d¹⁰6s¹	80 Hg 汞 200.59(2) 5d¹⁰6s²	81 Tl 铊 204.3833(2) 6s²6p¹	82 Pb 铅 207.2(1) 6s²6p²	83 Bi 铋 208.98040(1) 6s²6p³	84 Po 钋 [209] 6s²6p⁴	85 At 砹 [210] 6s²6p⁵	86 Rn 氡 [222] 6s²6p⁶
7	87 Fr 钫 [223] 7s¹	88 Ra 镭 [226] 7s²	89~103 Ac~Lr 锕系	104 Rf 𬬻 [263] 5f¹⁴6d²7s²	105 Db 𬭊 [262]	106 Sg 𬭳 [266]	107 Bh 𬭛 [267]	108 Hs 𬭶 [277] ／ 109 Mt 鿏 [268] ／ 110 Ds 𫟼 [281]	111 Rg 𬬭 [272]	112 Cn 鿔 [285]	113 Nh 鿭 [284]	114 Fl 𫓧 [289]	115 Mc 镆 [288]	116 Lv 𬬻 [293]	117 Ts 鿬 [294]	118 Og 鿫 [294]

镧系 (La系)

57 La 镧 138.90547(7) 4f⁰5d¹6s²	58 Ce 铈 140.116(1) 4f¹5d¹6s²	59 Pr 镨 140.90765(2) 4f³6s²	60 Nd 钕 144.242(3) 4f⁴6s²	61 Pm 钷 [145] 4f⁵6s²	62 Sm 钐 150.36(2) 4f⁶6s²	63 Eu 铕 151.964(1) 4f⁷6s²	64 Gd 钆 157.25(3) 4f⁷5d¹6s²	65 Tb 铽 158.92535(2) 4f⁹6s²	66 Dy 镝 162.500(1) 4f¹⁰6s²	67 Ho 钬 164.93032(2) 4f¹¹6s²	68 Er 铒 167.259(3) 4f¹²6s²	69 Tm 铥 168.93421(2) 4f¹³6s²	70 Yb 镱 173.04(3) 4f¹⁴6s²	71 Lu 镥 174.967(1) 4f¹⁴5d¹6s²

锕系 (Ac系)

89 Ac 锕 [227] 6d¹7s²	90 Th 钍 232.03806(2) 6d²7s²	91 Pa 镤 231.03588(2) 5f²6d¹7s²	92 U 铀 238.02891(3) 5f³6d¹7s²	93 Np 镎 [237] 5f⁴6d¹7s²	94 Pu 钚 [244] 5f⁶7s²	95 Am 镅 [243] 5f⁷7s²	96 Cm 锔 [247] 5f⁷6d¹7s²	97 Bk 锫 [247] 5f⁹7s²	98 Cf 锎 [251] 5f¹⁰7s²	99 Es 锿 [252] 5f¹¹7s²	100 Fm 镄 [257] 5f¹²7s²	101 Md 钔 [258] 5f¹³7s²	102 No 锘 [259] 5f¹⁴7s²	103 Lr 铹 [262] 5f¹⁴7s²7p¹

注：(1) 黑=固体，红=气体，绿=液体，紫=人造元素。
(2) 注*的是放射性元素。
(3) []内为最稳定或最重要的同位素的质量数。
长而同位素。
(4) () 表示可能的价电子组态。

烽火台的诉说

自从有了人类，便有了信息传递的需要。人类为了生存，需要共同抵御洪水、野兽等自然灾害和天敌，这就少不了互相沟通和协作。在远古时期，由于没有文字，人们之间的信息交流主要是靠声音和肢体语言，后来又出现了在绳子上打结（称为"结绳记事"）或在木头上刻道等记事方式。在我国殷商时期，出现了"击鼓传声"的通信方式；西周时期，人们开始兴建烽火台，兴起了用火光和烟雾传递信息的方法。这种用烽火报警的通信方式一直延续了多个朝代，直至清末才逐渐消失。

结绳记事

在文字产生之前，人们就已经对数量的记录和计算产生了需求，收获的谷物、猎取的禽兽需要计算，区域的大小、路途的远近需要标记，甚至岁月时日、生活琐事也都需要记录。于是，人们就利用在绳子上打结来传递信息、表达思维、辅佐记忆。结绳记事的内容主要有：①记录战事。②记录渔猎和收获物的分配。③记录祭祀和占卜。

周幽王烽火戏诸侯

今天，当人们在游览雄伟壮观的万里长城时，依然可以看到随着山势的起伏，在一些制高点上修建的形似碉堡的方形建筑，那就是烽火台。说到长城，人们很容易把它与秦始皇的名字联系在一起。其实，在秦始皇之前很久，长城便已经开始修筑了。烽火台也不是长城所独有的景物。

烽火台的出现可以追溯到西周时期。据史料记载，在周朝时，中央与各诸侯国都在边疆或通达边疆的道路上每隔一定距离就修筑一座烽火台。烽火台上堆满了柴草，一旦发现有外族入侵，便点燃柴草以烽火报警。各路诸侯见到后，就会派兵前来接应，同御外敌。

说到烽火台，很多人都会想起《东周列国志》中一个很有名的故事——"幽王烽火戏诸侯"。故事说的是荒淫无度的周幽王为了博得褒姒开心一笑，想尽办法。他曾招乐工鸣钟击鼓、品竹弹丝，还让宫女载歌载舞，但褒姒都不为所动。后来近臣虢石父为周幽王献计：周朝先王为了防备西戎入侵，在骊山之巅建有烽火台20余处，还置有大鼓数十台，每当有贼寇侵犯时，烽火台便会点火示警，火光、烟雾直冲霄汉，甚为壮观，附近诸侯见此情景，无不发兵相救。继而又闻鼓声阵阵，便催赶前来。这些年来，天下太平，已很久不见烽火点燃，如果大王偕褒姒同游骊山，夜举烽火，诸侯援兵必至，至而无寇，褒姒必笑。昏庸的周幽王竟然听从了虢石父的馊主意，褒姒看到后果然笑了出来。此后，周幽王又多次点燃烽火。等西戎真的打来，却再也没有诸侯前来相救，周幽王和虢石父均命丧西戎刀下，褒姒也在劫难逃，西周从此走向了灭亡。

明长城

　　中国现存历代长城遗迹中最完整、最坚固、最雄伟的实物，东起辽宁虎山，西至甘肃嘉峪关，从东向西行经辽宁、河北、天津、北京、山西、内蒙古、陕西、宁夏、甘肃、青海等省（直辖市、自治区），长度8851.8千米。明朝将长城全线分为辽东镇、蓟镇、宣府镇、大同镇、太原镇（又称山西镇）、延绥镇、宁夏镇、固原镇、甘肃镇九镇，又称九边重镇。

你问我答

问：外国有长城吗？

答：有！

英国的哈德良长城，全长118千米，是罗马帝国最北部的防御系统，为防御北方游牧民族南下而建造。最早的工程开始于公元80年，主体部分从罗马皇帝哈德良时期的122年开始建造。4世纪后被逐渐废弃。哈德良长城结构与布局相当讲究，因地制宜选择夯筑和石筑方式，还设驿站、要塞、城堡和塔楼。此外，这里还建有许多石砌浴池。

烽火高飞百尺台

西周的灭亡并不意味着以烽火通报军情的历史就此终结。相反，到了汉代，烽火台的建设规模更大了。用土木筑成的被称为"烽燧"的烽火台，在边陲重镇和交通要道上随处可见。今天，在新疆库车境内，还留存着一座克孜尔尕哈烽燧，其气势之雄伟可使我们约略窥见当时烽火通信之盛。

举放烽燧报警，是中国古代传递军情的一种方法。白天发现有外敌入侵时，就在烽燧上燃起狼粪，其烟直上不散，远远地就能被人看见，人们称之为"狼烟"或"烽烟"；夜间则点燃柴草，以火光报警。点燃的烽火还可包含一些简单的信息，如规定入侵者在500人以下时，放一道烽火；入侵者在500人以上时，放两道烽火，等等。

在古代，烽火总是与战争联系在一起，看见了烽火，便意味着战争来临。唐代诗人李益的"烽火高飞百尺台，黄昏遥自碛西来"，便是古代战场的一幕真实写照；唐代诗人杜甫在《春望》中有"烽火连三月，家书抵万金"的名句；南朝吴均的《入关》中也有"羽檄起边庭，烽火乱如萤"的诗句；唐代刘驾的《塞下曲》更写出了战时边关的一番别样风情："勒兵辽水边，风急卷旌旃。绝塞阴无草，平沙去尽天。下营看斗建，传号信狼烟。圣代书青史，当时破虏年。"这里的"传号信狼烟"，同样是指传递战争信号用的烽火狼烟。

烽火传递信息的速度很快。汉武帝时，大将卫青和霍去病率大军出征匈奴时，就以举放烽火作为进军信号。据记载，仅一天时

新疆轮台汉长城拉克苏烽火台遗址

杜甫（712—770）

唐代诗人。字子美，自称少陵野老，后世又称其为杜少陵、杜拾遗、杜工部。祖籍襄阳。代表作有《壮游》《望岳》、"三吏"（《新安吏》《潼关吏》《石壕吏》）、"三别"（《新婚别》《垂老别》《无家别》）等。

杜甫与李白有深厚的友谊，写过不少怀念李白的诗篇，如《春日忆李白》《赠李白》等。

成都的杜甫草堂是杜甫留寓成都时的故居，位于四川省成都市西郊浣花溪畔，杜甫曾在此作诗240余首。

间，烽火信号便可以从当时的河西（今甘肃）传到辽东（今辽宁），途经千余里。

烽火通信一直沿用至清朝末年。山东的烟台，便是因明朝时在那里设置有狼烟烽火台而得名的。后来，随着电报、电话等现代通信方式的出现，古老的烽火通信终于销声匿迹，退出了历史舞台。

新疆罗布泊地区的汉代烽燧

烽火台的启示

烽火，不仅见证了古战场的刀光剑影，也给人类未来的通信以智慧的启迪。

首先，人们发现光传送信息的速度非常快，远远超过了声音的传递速度。近代发展起来的激光通信，虽不能与烽火时代的"光通信"

相提并论，但在以光作为信息传送媒介这一点上却是一脉相承的。

其次，烽火通信是一种典型的接力通信。信息通过一个接一个的烽火台的接力传送，可以直达千里之外。近代的许多远距离通信系统，也都沿袭了这一思路。例如，在长途载波电话通信系统中，为了补充信号在传输过程中的能量损耗，沿途每隔一定距离便设置一个"增音站"，让信号"加足油"后再往前走，这样便可延长通信的距离。又如地面微波通信系统，由于微波只能直线传播，而地球表面有一定弧度，为了用微波实现远距离通信，人们也想到了"接力"方式。在微波系统中，一个个类似于烽火台的接力站便称为微波中继站。为此，微波通信也被称为微波中继通信或微波接力通信。

第三，烽火通信在实际应用中暴露出致命的弱点，那就是它在通过大气传播信息时，受雨雾等自然条件的影响较大，极大地制约了它的发展。现代发展起来的光纤通信规避了这一缺点，让信息的传输在密封的物理通道中进行，不仅不受外界自然条件的影响，也与电磁干扰"绝缘"。

声音和光的传播速度谁更快？

光比声音传播得快。这就是为什么我们总是先看到闪电再听到雷声。

声速是声波在介质中的传播速度。声速的大小与介质的种类和温度有关。15℃时空气中的声速是 340 米 / 秒。

光速是真空中电磁波的传播速度。真空中电磁波的传播速度是一个重要的物理量，人们最初通过测量可见光的传播速度得到它的数值，因此称为光速。与声音不同，光不仅可以在空气、水等物质中传播，而且可以在真空中传播。真空中光的速度为 299792458 米 / 秒。

中国古代的藏书楼

今天的人们提到借阅图书都会想到图书馆，图书馆是收集、整理、保存文献资料和其他信息资源并向读者提供利用的科学、文化、教育机构，现代的公共图书馆更是免费向公众开放。在古代，收藏图书、文献和档案、典籍的地方被称为藏书楼，这些地方大多不向公众开放，只有藏书者个人或很少的一部分人才能使用它们。

中国国家图书馆古籍馆

如何分类

　　古代藏书分为官府藏书、私家藏书、寺观藏书和书院藏书，与此相对应，藏书楼也分为官府藏书楼、私家藏书楼、寺观藏书楼和书院藏书楼。官府藏书楼出现时间早，私家藏书楼出现时间晚，寺观藏书楼和书院藏书楼基本上是与寺观和书院同时出现的。

　　随着岁月的流逝，我国古代的藏书楼大多已难觅踪影，目前保留下来的最早的皇家藏书楼为明世宗嘉靖十五年（1536）建成的皇史宬，私家藏书楼则以宁波天一阁为现存最早的一座了。

　　天一阁的创建人范钦为了保护苦心搜集的藏书，制定了非常严格的阁禁，其中最著名的一条就是"代不分书，书不出阁"。按规定，藏书由范氏族中子孙共同管理，阁门和书橱钥匙分房掌管，任何人不得擅开，并且还规定，违反阁禁者，1—3年内不得参加祭祖大典，

天一阁

　　中国现存最早的私家藏书楼。建造年代约在明嘉靖四十年至四十五年（1561—1566）。阁主人为明代范钦。天一阁是一座木构六开间两层楼房，上层不分间，通为一厅，以书橱相隔；下层分为六间，寓"天一地六"之意。藏书曾达7万余卷，多系宋明木刻本和手抄本，不少为稀有珍本和孤本，经多次劫难后藏书仅存1.3万余卷。中华人民共和国成立后，天一阁被列为全国重点文物保护单位，现藏书已达30万卷，其中古籍20万卷，善本书7万卷。

这就防止了书籍的个人占有以及分散流失。也因为阁禁森严，许多想一睹天一阁风采的人都只能望楼兴叹。

建在何地

不同类型的藏书楼在选址上虽然有所区别，但也有一定的共性。官府藏书楼中的皇家藏书楼，一般建在皇宫内或附近，以方便皇帝和皇室成员使用。寺观藏书楼属于寺院或道观的一部分，大多数寺院和道观在建造时往往会选址在名山大川、风景优美之处，因为古人认为这样的环境有利于修行，可以达到天人合一的境界。私家藏书楼的选址则大多考量藏书者的个人爱好、财力以及居家所在。不过，古代的藏书家多为喜欢读书、研究的文人，藏书楼是他们寻找精神家园的庙堂之所，许多文人虽不一定消极遁世，却也多有道不明则隐的思想，或按"大隐隐于市"之道，在城市的喧闹中选一僻静所在，或在郊外风景优美处择地建楼。

藏书楼在建造时，大都倾向于建在"风水宝地"。如清乾隆年间编修《四库全书》，这套大型图书的 7 个抄本分别藏在"北四阁"和"南三阁"。"北四阁"分别是北京故宫的文渊阁、北

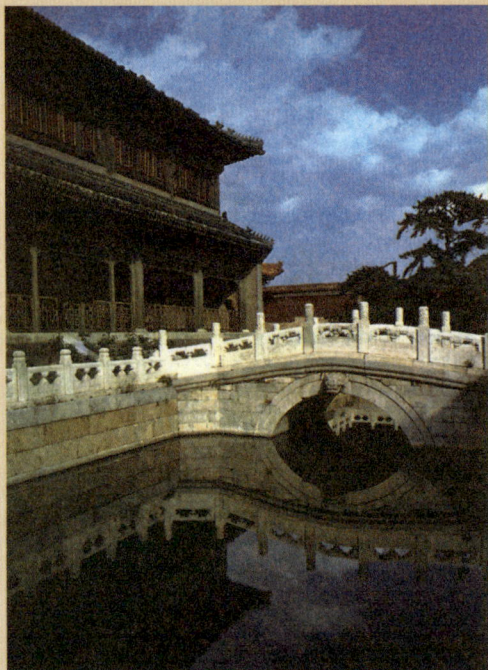

文渊阁

京圆明园的文源阁、奉天
（今沈阳）故宫的文溯阁、
承德避暑山庄的文津阁。
"南三阁"是镇江金山寺
的文宗阁、扬州大观堂的
文汇阁、杭州西湖行宫孤
山的文澜阁。这些藏书楼
都建在环境优美之地，比
如文澜阁，就选址在杭州
风景最美的地方。据文献

文津阁

记载："阁在孤山之阳（南麓），左为白堤，右为西泠桥，地势高敞，
揽西湖全胜。外为垂花门，门内为大厅，厅后为大池，池中一峰独耸，
名 '仙人峰'。东为御碑亭，西为游廊，中为文澜阁。"

《四库全书》

清朝乾隆年间官修大型手
写本综合性丛书。按经、史、
子、集四部分类。以国家图书
馆所藏原文津阁本统计，共收
书3503种，79337卷，约9.97
亿字，装订成3.6万册，6700
余函。

《四库全书》内容广泛，
基本将乾隆中期以前，特别是
元代以前的重要著作包括在
内，在一定程度上起到保存、整理和传播中国古代文献的作用。但其编纂
宗旨在于维护清王朝统治，凡被认为不利于其统治的图书，则加以抽毁、
篡改或斥之不录，禁毁书达3000余种，在中国文化史上造成了难以弥补
的损失。

如何取名

给藏书楼取名，对许多私家藏书楼来说是很重要的一件事。古代藏书楼的楼名也是百花齐放，反映出藏书家的某种心声。历代藏书家在搜集、整理典籍的同时，往往会给藏书楼起一个或多个名字以寄托情感、志趣。其中不少楼名表达了楼主爱书、尊书的情怀和好学、钻研的精神，如南宋文学家陆游为自己的藏书楼取名"书巢"，还专门作《筑书巢》记之："吾室之内，或栖于椟，或陈于前，或枕藉于床，俯仰四顾，无非书者。吾饮食起居，疾痛呻吟，悲忧愤叹，未尝不与书俱。宾客不至，妻子不亲，而风雨雷雹之变有不知也。间有意欲起，而乱书围之，如积槁枝，或至不得行，辄自笑曰：'此非吾所谓巢者邪？'乃引客就观之，客始不能入，既入又不能出，乃亦大笑曰：'信乎其似巢也！'"在《筑书巢》中，陆游说自己家中堆满了书，乱得像鸟巢，既是自我讽刺也是自我陶醉。

陆游（1125—1210）

南宋诗人。字务观，号放翁。越州山阴（今浙江绍兴）人。少时受家庭熏陶，高宗时应礼部试，为秦桧所黜。孝宗时赐进士出身。中年入蜀，投身军旅生活，官至宝章阁待制。晚年退居家乡。创作诗歌今存九千多首，内容极为丰富。著有《剑南诗稿》《渭南文集》《南唐书》《老学庵笔记》等。

示儿

南宋·陆游

死去元知万事空，
但悲不见九州同。
王师北定中原日，
家祭无忘告乃翁。

名字最长的藏书楼

"仰视千七百二十四鹤斋"是清代著名书画家和篆刻家赵之谦的藏书楼名，这个楼名大概也是目前已知最长的藏书楼名之一。

据说，赵之谦有一天在睡梦中看见一群仙鹤在水池边飞舞，可是水中并没有仙鹤的影子，于是，把自己的藏书楼取名为"仰视千七百二十四鹤斋"，寓意自己屈居下僚，在仕途上不得志，卑鄙之人反居其上。

怎样设计

现在的人们买了房子后通常都要装修，古代的藏书楼也不例外，这些藏书楼在功能设计上是非常考究的。

皇家藏书楼是设在宫廷内府的藏书处，专供皇帝、皇室成员使用，所藏图书称为"内书"。中央官府藏书楼是设在宫外的朝廷藏书处，其藏书被称为"外书"。皇室和中央官府藏书具有国家藏书的性质，往往代表或反映某个时代的国家藏书总貌，书楼设施完善，制度健全，职能兼备，建筑也极尽考究。

在书院建筑布局中，藏书楼是整个建筑群中少有的阁楼式建筑，甚至可能是书院中唯一较高大的楼阁。为了彰显其重要性，藏书楼多建在中轴线上，或建在讲堂之后的突出位置。寺院的藏经殿一般也会建造在寺院的南北中轴线后端，成为佛寺的主体建筑之一。

私家藏书楼以藏为主，仅供少数人使用，实行封闭管理，所以在建筑上力求均衡对称，既要有足够大的存储空间，又要考虑取书、看书的方便性。有的组合为庭院式建筑群，院中开凿水池以利防火，并种植花草树木，打造出一个清幽的阅读环境。

文澜阁

皇家藏书楼把上述功能考虑到极致，如隋代的观文殿，不仅窗户、床褥、橱幔等设施都极为华丽富贵，还在户外的地上安装了机关，与屋内控制锦幔升降的二飞仙相关联：当皇帝来此看书时，走在前面手执香炉的宫人会首先踩到机关。机关被触动后，飞仙降下，收幔而上，户扉及橱门自动开启；出则复闭如故。其设计之巧妙，令今天的建筑师都叹为观止。

在设计藏书楼时，还必须考虑防火、防潮、防蛀、防盗等功能，特别是藏书楼的防火性能更是设计的重中之重。比如在楼旁修建水池、水塘，有些藏书楼干脆直接建在水中小岛上，既防火，又防盗。

谵生堂

明代著名藏书家祁承㸁的藏书楼。因为在建造时考虑到藏书楼是一个与住房、书室不相连的独立建筑，但为了便于管理，要"似离而属，似合而分"。不仅如此，藏书的地方要尽可能通风防潮，并不允许有人于此处歇宿，恐有灯烛火灾的意外。祁承㸁将读书处称为"快读斋"，以走廊与藏书处相通，力求宽敞明亮。这种藏书与读书分开的建筑格局，对于保护图书是很科学的。

注重环境

　　除了在选址的时候对大环境多方考量、选择之外，藏书楼还十分注意周围小环境的建设，通过对藏书楼周围小环境的人工修饰和设计，使之与藏书楼的整体达到协调一致乃至增色的目的。特别是明清时期，建造园林式藏书楼非常普遍，当时的藏书楼建筑既是技术，又是艺术，融科技文化和审美文化于一体，极富特色。这些藏书楼或临街而建，或枕水而居。园中小桥流水、曲径通幽，写意抒怀，人境合一，有着千变万化的空间组合。如天一阁藏书楼前的庭院面积虽小，但造型布局独具匠心。天一池清澈见底，池旁垒石成山。绿荫葱翠之中，假山被堆成"福""禄""寿"三个字形。一池清水之上，"天一阁"三字碑被莲台托起，水中一巨石犹似昂首的海龟在虔诚地朝拜。山石堆成的"九狮一象""老人牧羊""美人照镜"和"福""禄""寿"象形石浑然一体，园内植竹，使书楼显得既富丽典雅，又清静幽邃。

　　我国古代的藏书楼不仅收集、保存了丰富的文献典籍，而且也整理传播了博大精深的中华文化，成为古代文明的重要载体。藏书楼本身和它的历史体现出中华民族源远流长、绵延不绝的文化性格和文化精神。

天一阁藏书楼外景

悲壮之器——筑

　　我国有着十分深厚的礼乐文化，古代乐器相当发达。据记载，周代的乐器有数十种之多，又根据材质分为金、石、土、革、丝、木、瓠、竹八大类。这些乐器或流传至今，得以发扬光大；或湮没于历史的长河之中，早已不存。

筑为何物

　　筑是我国古代的一种击弦乐器，在两千年前似乎非常流行。《战国策·齐策》中就有这样的记载："临淄甚富而实，其民无不吹竽、鼓瑟、击筑、弹琴……"战国、秦汉时期的古籍中多有对这种乐器的点滴记载，但据传这种乐器在宋代就已经从人们的视线中消失了。今天的人们在阅读史料时也只能见其影，无法闻其声了。

　　筑的起源，大约可以追溯到远古时代。打击乐器起源较早，早期先民们在生产生活中，偶然发现身边的某些材料可以发出悦耳之声，随着生产力的发展和人们有意识的制作，这些物品就渐渐演变为专门用来演奏的乐器。例如，有专家推测石磬就是由古代的劳动工具石犁或石锄演化而来的。筑这种击弦乐器也许最初就是人们用一截木头绷上弦后拿来击打发声的乐器，由于其声慷慨激昂，非常适合人们和歌时击打节奏，因而得以广泛流传。

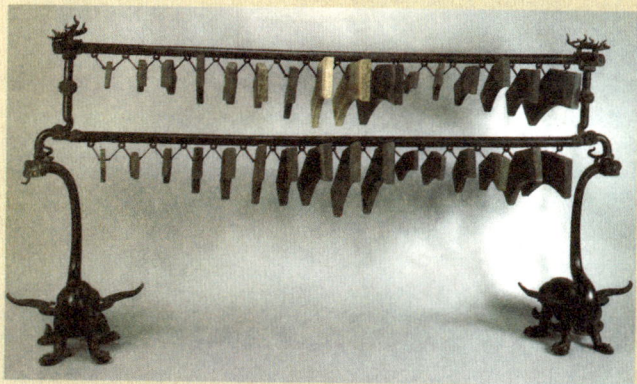

曾侯乙墓编磬

对于筑的描述和使用方法也见于文献记载。东汉许慎所著《说文解字》中对筑的解释为：筑是一种击弦乐器，用竹尺击打其上的 5 根弦可以发出不同的声音，演奏时一手持筑，一手拿着竹尺击打。《汉书》中有汉高祖刘邦击筑作《大风歌》的记载，后人注释其中的筑为"状似琴而大，头安弦，以竹击之，故名曰筑""今筑形似瑟而细颈也"。

这种棒状的击弦乐器虽今已失传，但在先秦两汉时期却是一种流行的敲击乐器，不少史籍中都记载有与它有关的只言片语。

《说文解字》

东汉许慎撰。成书于汉和帝永元十二年（100）。它是中国第一部字典，也是一部通过分析汉字形体理据来训释词义的工具书。全书共说解9353个小篆字头，另有1163个重文。

《说文解字》首创部首编排法，将所收字头分为540部，每部第一个字立为部首。对每个字的说解为先释义，再析形，部分字还用"读若"等譬注法注音，并引用书证。

易水悲歌

据《史记》载，战国时期的荆轲本是卫国人，游于燕都，与击筑师高渐离交好。荆轲嗜酒，酒酣时，高渐离击筑，荆轲和歌，相与为乐，或相对而泣。后来荆轲被燕国太子丹奉为上卿，并派他去刺杀秦始皇。荆轲出发时，太子丹到易水边为他送行。这时，高渐离击筑，荆轲和着筑声而歌，当筑击出"变徵"的凄凉音调时，送行的人都掉下了眼泪。当筑击出"羽声"时，慷慨激昂，送行的人听后都怒发冲冠。于是，荆轲头也不回地踏上了不归路。东汉文学家阮瑀曾作诗："燕丹养勇士，荆轲为上宾。图尽擢匕首，长驱西入秦。素车驾白马，相送易水津。渐离击筑歌，悲声感路人。"

以筑刺秦

荆轲刺秦失败后，高渐离便更名改姓，在某大户人家的家中当起了酒保。一日，主人家发现他会击筑，便叫他到堂前为宾客演奏。高渐离取出匣中的筑，换好衣服，改变妆容来到堂前。当他击筑而歌时，满座皆惊，无不为他的歌声感动流泪。高渐离是击筑高手，不久便声名大噪，城里的人相继请他去作客击筑。

这件事不久便被秦始皇知道了。秦始皇下令召见高渐离，有认识他的人把这件事报告给了秦始皇。秦始皇怜惜他会击筑，就赦免了他的死罪，让他专门为自己击筑，但残忍地熏瞎了他的眼睛。秦始皇非常喜欢他的音乐，每一次听他演奏，都要拍手称好。高渐离就想借为秦始皇演奏的机会再次刺杀以完成好友荆轲的遗愿。于是，他在筑的中空腔内填塞铅块，在演奏时凭着听觉推测秦始皇的位置，预谋在秦王靠近他的时候用手中的筑猛击秦王头部，不料因为他看不见秦王的具体位置而没有砸中。秦王大怒，杀掉了高渐离。

唐朝诗人李白在《结袜子》一诗中为此歌咏道："燕南壮士吴门豪，筑中置铅鱼隐刀。感君恩重许君命，泰山一掷轻鸿毛。"

战国七雄

中国战国时期国势强盛、互争雄长的七个诸侯国，即秦、齐、楚、赵、魏、韩、燕。春秋时，中华大地共有一百多个诸侯国，经过兼并，到战国初，剩下十几个诸侯国。但较强大的诸侯国只有西方的秦，中原以北的赵、魏、韩，东方的齐、燕，南方的楚。七雄的角逐最初表现为争霸，后来局势则转变为合纵与连横的交替。七雄中以秦为最强，次为齐，次为楚，次为魏，次为赵，次为韩，燕国最弱。七雄最后统一于秦。韩最先亡，次赵，次魏，次楚，次燕，齐最后亡。

战国中期乐舞俑中的奏乐俑

刘邦击筑 高唱《大风歌》

汉代，筑依然保持着它的生命力。汉朝初年的异姓诸侯王英布曾是项羽麾下的一员猛将，后倒戈与刘邦结盟，击败项羽，为汉王

朝的建立立下赫赫战功，被封为淮南王。汉朝建立后不久，刘邦就开始采取措施剪除异姓诸侯王，先后诛杀了韩信、彭越等人，英布唯恐自己也将遭受同样的命运，便先起兵反叛。汉高祖十二年（公元前195），汉高祖刘邦率兵征讨淮南王英布，英布大败。刘邦在击败英布后回到故乡沛县，在庆功宴会上亲自击筑高歌："大风起兮云飞扬，威加海内兮回故乡，安得猛士兮守四方！"在场的120名沛县少年和歌，群情激昂。《西京杂记》也曾记载，刘邦的姬妾戚夫人善于击筑，他常要戚夫人击筑，自己高歌。

大风歌残碑

白马之盟

　　楚汉战争时期，刘邦为了取得各股军事力量的支持，分封了八位异姓诸侯王。汉朝建立之初，刘邦认为异姓诸侯王已经对汉廷构成威胁，便开始采取措施剪除异姓诸侯王，除长沙王吴芮外，其余七位异姓诸侯王都被诛杀。刘邦又分封刘氏子侄为王，并与群臣立下"非刘氏不王""非有功不侯"的誓约，如有违背，天下共诛，因结盟仪式需刑白马歃血，史称"白马之盟"。据推测，白马之盟应是在高祖十二年二月到四月之间举行的。

其影重现

　　筑这种乐器失传了上千年，有关它的具体形制和演奏方法，今天的人们已经难以得见了。直到 20 世纪 70 年代，湖南长沙马王堆汉墓的发掘终于让人们有机会一睹两千多年前汉代的这种乐器。考古学家在马王堆共发掘了 3 座墓葬，分别属于西汉第一代轪侯利仓及其夫人和儿子，在利仓儿子的墓（马王堆 3 号汉墓）中，发现了筑的身影，为我们揭开了筑的神秘面纱。中国古人"事死如事生"，为了让去世的人在另一个世界里继续享受"现世"的繁华，他们生前所使用、所喜爱的各种物品都被作为随葬品与墓主人一同埋于地下，筑作为墓主人生前喜欢的乐器也被作为明器随葬。

马王堆 3 号汉墓出土的筑

　　这件筑通体髹黑色漆，器长 31.3 厘米、宽 2 厘米、厚 2.6 厘米，形状如四棱的长方形木棒，首部的蘑菇形柱上还残存着缠绕的弦丝，尾部细长，为柄状实心木，应该是握持的部位。首部有 5 个弦轸，尾部有一个弦柱，能张 5 根弦。刚出土时，发掘现场的考古人员都不认识它，后来，根据随葬品清单中记载的"筑一，击者一人"字样，音乐家才终于辨认出这就是失传已久的古代乐器——筑。

在马王堆1号汉墓出土的黑地彩绘漆棺上还绘有这样的图案：在漫卷的流云中，一种头上长着鹿角，被汉代人认为能够延年益寿，称为"虡"的神兽，左手执筑，右手击弦，它时而双臂张开，时而用力击筑。该画面仿佛在告诉我们这种早已湮没不存的古代乐器应该如何使用。

六艺

中国古代教育要求学生掌握的六门课程，即礼、乐、射、御、书、数。"六艺"一词最早出现在《周礼》当中。

礼主要包括政治、伦理、道德、礼仪等。乐主要包括诗歌、音乐、舞蹈。射，指射箭技术。御，指驾驭技术。书，指文字读写。数，指算法。

六艺有小艺和大艺之分。书、数为小艺，系初级课程。礼、乐、射、御为大艺，系高级课程。

消失的秘密

关于筑是如何消失的，我们已经不得而知了，但三国时期魏国文学家傅玄（217—278）在他的《琵琶赋·序》中的一则记载似乎隐隐约约道出了一丝隐情。据傅玄的记载，汉公主远嫁乌孙时曾命匠人参考琴、筝、筑、箜篌等多种古代乐器制成了一种新的乐器——琵琶，并把它带到了西北少数民族中去，后来这种乐器又回流到中原，但人们以为它本就是西域的乐器。无论怎样，筑这种击弦乐器也许就是在这种融合中渐渐消失了吧！

筑和柷

柷是中国古代木制打击乐器，与筑同音，但却是完全不同的两种乐器。在古代乐器金、石、土、革、丝、木、瓠、竹八大类中，筑为丝之属，柷为木之属。柷像方形的大木斗，上口敞下底收，底部有座。四壁中的一壁留出音孔，其余三壁中心各有一凸起的圆鼓面，是椎击部位。演奏时双手握椎撞击内壁圆鼓处发声，用于音乐起奏，是历代宫廷雅乐编制中不可缺少的乐器。至今孔庙祭祀音乐中仍在使用。

柷

文房四宝谈

——笔

今人说到笔，首先想到的可能是钢笔、铅笔等日常使用的书写工具。但在历史上，笔曾专指毛笔。作为文房四宝之首，它曾伴随莘莘学子寒窗伏案，黄卷青灯，亦曾协助文人雅士笔走龙蛇，填词作赋。每当看到在精致的笔筒中、古雅的笔架上静候我们的老友，一种眷恋之情便油然而生。

笔的起源

按流传甚广的说法，秦代名将蒙恬是毛笔的发明者。根据相关资料分析，这种说法多有疑点。东汉许慎《说文解字》云："秦谓之笔……楚谓之聿。"而"聿"字在殷商时期便已现身。清代大学者赵翼在《陔余丛考》中也写道："笔不始于蒙恬明矣。或恬所造，精于前人，遂独擅其名耳。"

西晋青瓷对书俑

1980 年，考古工作者在陕西临潼的一座距今5000多年的墓葬中发现了了凹形石砚、研杵、染色物和陶制水杯等大量文物。从彩陶的纹饰上也可辨认出毛笔描绘的痕迹，因而可以推断，早在新石器时代，古人便已开始使用毛笔或类似毛笔的书写工具。在湖南长沙和河南信阳的两处战国楚墓中，曾各出土过竹管毛笔一支，是目前发现的最早之毛笔实物。湖南长沙出土之笔，从其制作工艺和文物出土分布区域推断，最迟在战国时期，毛笔已被广泛使用，但由于各诸侯国之间文化差异巨大，尚无统一名称。

秦定天下后，蒙恬因军功被拜为内史，掌治京师。文案之事不能无笔，或许是其改进书写工具的动力与机缘。传蒙氏选用兔毫、竹管制笔，制笔方法是将笔杆一头镂空，以成毛腔，再将笔头毛塞于腔内，外加保护性竹套，以便于取笔和保护笔尖，笔之形制初备。蒙恬至少在笔的改进方面起过重要作用。秦统一六国，建立起我国历史上第一个统一的、多民族的封建国家后，也实现了"笔"的称谓之统一。

文房四宝

纸、墨、笔、砚等传统书画材料的统称。北宋苏易简著《文房四谱》，对这四种文具的品类进行论述，自此文房四宝蜚声文坛。

文房四宝制作历史悠久，品种繁多，最著名的是宣纸（产于安徽泾县，旧属宣州）、徽墨（产于安徽歙县，旧属徽州）、湖笔（产于浙江吴兴，旧属湖州）、端砚（产于广东高要，旧属端州）。

殷商时代的甲骨文中，已出现"聿"字，属象形字，乃以手握住细杆进行书写之状。

甲骨文中的"聿"

笔的形制

　　笔之正宗，当以竹管为杆，兽毛为毫，并配有笔帽，以护笔毫。早在西汉文帝时，便已定型。此外，笔杆尚有斑竹、犀牛角、象牙或金银等材质，以示豪奢；笔帽亦可雕金镂银，以表华丽。但笔之优劣，则取决于笔头（或称笔毫、笔毛）。根据笔锋的长度，笔有长锋、中锋和短锋之别，性能各异。长锋所出笔画婀娜多姿，短锋所出笔画则厚实凝重，中锋兼而有之。根据笔锋直径之不同，又可分为小、中、大等型号，分别用于书写小楷、中楷和大楷。另有一种更大的羊毫斗笔、楂笔，则用于写榜书（古称署书，亦称擘窠书，超大之字）。

　　笔头可分为笔根、笔肚和笔尖。笔根与笔杆相连，不能贮墨；笔肚贮墨，而笔尖书写。以材质不同，笔毫又可分为硬毫、软毫、兼毫三种，因性能各异，所以用途不同。

　　硬毫笔所用材料主要有紫毫（老兔颈毛）和狼毫（黄鼠狼尾毛）两种，均为棕色，坚韧挺健，弹性强而蓄墨能力弱，书写线条苍劲利爽，多用于制造小楷笔。因中国古代书画同源，水墨画中树木的立干、出枝、勾叶、点叶，山石的勾勒、皴擦、点擢，屋宇、人物、舟、桥、水波、瀑布等细线，都需靠弹性强的硬毫才能得以表现。软毫笔主要以羊毫（山羊毛）制成，多为白色，笔性软，弹性差而蓄墨性强，多用于制作大楷笔。山水画的渲染亦

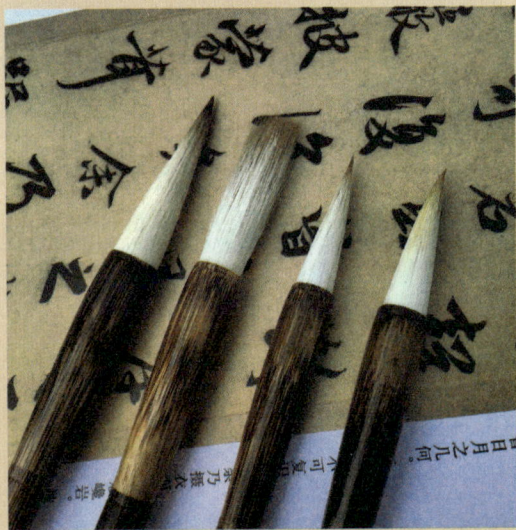

多用之，往往能收笔酣墨饱、水墨淋漓之效果。兼毫笔是用两种或两种以上弹性不同的动物毛按一定比例配制而成，介乎软毫和硬毫之间，软硬适中，刚柔相济。

夏敬观扇面画

其实，笔毫材料多种多样。兔毛、獭毛、猪毛、鹿毛、马鬃毛、羊毛、狼毛、鸡毛、鼠毛等，皆可制笔。据说天下第一行书《兰亭序》，是王羲之用鼠须笔书写而成。我国古代甚至还有用人的胡须和婴儿胎发来制笔的记载，可谓五花八门，不胜枚举。

王羲之
（303—361，一说321—379）

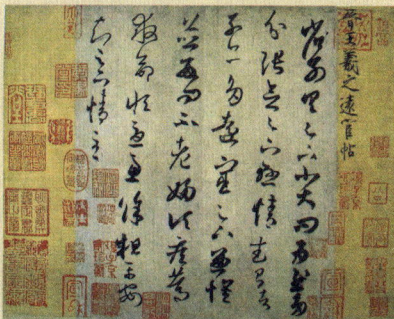

王羲之《远官帖》

字逸少，东晋书法家，有"书圣"之称。琅邪（今山东临沂）人，后移居会稽山阴（今浙江绍兴），一生性好山水与交友。

王羲之的书法博采众长，一变汉、魏以来质朴淳厚的书风，创造了妍美流便的新风格，把草书推向全新的境界。他的行草书最能表现雄逸流动的艺术美。后世称赞他的书法"飘若浮云，矫若惊龙"。《兰亭序》是王羲之行书的代表作（真伪尚有争论），流传至今的有各种摹本和刻本。

唐代冯承素摹王羲之《兰亭序》卷

笔的制作

　　笔毫原料获取途径甚多，产地分散，且纵得佳料而无良工，则徒劳无益；即使兼得佳料良工，而未得识货高士称赏，亦难扬名而被书家认可。

　　回顾历史，笔之主流大致经历了两个重要时代，先为宣笔时代，后为湖笔时代。宣笔发轫于两汉，兴起于魏晋。其时书法大兴，与制笔业相辅相成。东晋时，书圣王羲之曾撰《笔经》，极力推崇"中山兔毫"即宣州陈氏之笔，故而宣笔得成其名，促进了毛笔工艺的迅速提高。唐宋时期，宣州成为全国制笔中心，在笔毫之选材、制作技巧和笔杆的雕镂技术等方面，都已日臻完善。名士白居易、柳公权、欧阳修、梅尧臣、苏东坡等皆曾对宣笔有过极高评价。尤其是白居易"宣城石上有老兔，食竹饮泉生紫毫""每岁宣城进笔时，紫毫之价如金贵"之赞誉，表明当时宣笔已成贡品，寒士难求也。

时至南宋，迁都临安（今杭州），政治、经济、文化中心也随之向东南方向转移，制笔中心也逐渐向浙江一带过渡。自元代始，制笔业进入湖笔时代。浙江湖州善琏镇是湖笔的发源地，善琏古属湖州府，湖笔因此得名，善琏则被誉为"笔都"。相传，蒙恬曾在善琏村取羊毫制笔，被尊为"笔祖"。又传蒙恬之妻卜香莲，生于善琏西堡，制笔技艺精湛，被尊为"笔娘娘"。明代，湖笔之名大震，并完全取代宣笔，湖州也成为制笔中心。明末清初，湖笔工艺逐渐外传，善琏

中国湖笔博物馆

人在各地陆续开设一系列著名笔店，可谓湖笔遍天下。

传统制笔方法，可归纳为"诸葛法"和"韦诞法"两种。"诸葛法"也称"无心散卓笔"，是宣笔制笔工艺之结晶，凝聚着宣州几代诸葛氏笔工诸葛高、诸葛元、诸葛新、诸葛丰等人的心血。"韦诞法"乃以三国魏人韦诞命名。韦诞字仲将，有文才，工书，善制笔墨，著有《笔方》。其法是用两种不同的兽毫来制作，强者为柱，柔者为被，这种制笔法一直沿用至今。

笔杆制作工艺也在不断发展。汉代，便开创了在笔杆上刻字、镶饰等装潢工艺，如甘肃武威的两座东汉墓中曾分别出土刻有"白马作"和"史虎作"字样之笔。东汉蔡邕所撰的《笔赋》是首部记述制笔的专著，对笔之选料、工艺、工序以及功能等做了较为全面的评述。

历史上，奢华之笔还经常被用作身份、财富之体现。南北朝时期和隋唐时期，多有用金、银做笔杆之笔，即使用竹杆，也要选上等斑竹，并镶嵌上象牙、玉等珍贵的装饰，以示炫耀。直至清乾隆年间，金银玉雕的豪华笔杆才逐渐消失。

文化蕴涵

簪白笔

汉代携带笔的方式。汉代官员为奏事之便，常将笔尾削尖，插在发间或帽上，以备随时取用。祭祀时，也常在头上簪笔，以表恭敬。甚至下葬时，也插笔为伴，以示风雅。甘肃武威东汉墓"白马作"笔出土时，就发现于墓主头部左侧，可见墓主深厚的爱笔之情。

我国素来以文化立国，笔乃文之所出，化之利器，所以在传统社会地位突出，内涵隽永。儒家经典《礼记·曲礼上》有"史载笔，士载言"之记载。笔是史官手中之利器，历代史官直书所见所闻，以成信史，使后人了解历史原貌。为维护史官的尊严和秉笔直书之权力，历代先哲前仆后继，不惜家身。中国史笔之神圣，可见一斑。

笔与文人雅士朝夕相随，不离左右，久之便赋予了它诸多雅号，不少至今仍被广泛应用。《诗经》云"静女其娈，贻我彤管"，则笔得"彤管"之名。曹植《薤露行》曰"骋我径寸翰，流藻垂华芬"，笔又得"寸翰"之号。左思《咏史》有"弱冠弄柔翰，卓荦观群书"，笔自此可称"柔翰"。笔之别称不胜枚举，最值得一提者，乃唐代大文豪韩愈以《史记》笔法专为笔所作之传记《毛颖传》。此传立意新颖，以笔拟人。后"毛颖""管城子""管城侯"等，皆成笔之雅号。笔与文人墨客形影相伴，情谊深长。文人雅士亦多情种，史上不乏为笔下葬之记载。据唐代张怀瓘《书断》载，王羲之七世孙智永"住吴兴永欣寺，积年学书，后有秃笔头十瓮，每瓮皆数石""后取笔头瘗之，号为'退笔冢'"。另据唐代李肇《唐国史补》载："长沙僧怀素好草书，自言得草圣三昧。弃笔堆积，埋于山下，号曰'笔冢'。"

唐宋八大家

中国唐代散文家韩愈、柳宗元，宋代散文家欧阳修、苏洵、苏轼、苏辙、曾巩、王安石八人的合称。

韩愈（768—824）：中国唐代文学家、思想家、教育家。字退之。又称韩昌黎、韩吏部、韩文公。

柳宗元（773—819）：中国唐代文学家、哲学家。字子厚。又称柳河东、柳柳州。

欧阳修（1007—1072）：中国北宋文学家、政治家、史学家。字永叔，号醉翁，晚号六一居士。

苏洵（1009—1066）：中国北宋散文家。字明允。

苏轼（1037—1101）：中国北宋文学家、书画家。字子瞻，一字和仲，号东坡居士。

苏辙（1039—1112）：中国北宋散文家。字由，一字同叔，号东轩长老，晚号颍滨遗老。

曾巩（1019—1083）：中国北宋散文家。字子固，世称南丰先生。

王安石（1021—1086）：中国北宋改革家、思想家和文学家。字介甫，初字介卿，号半山。

驱邪镇魔的镇墓兽

镇墓兽是古人随葬亡者的一种异形明器。一般置于墓道入口处，被认为具有镇墓除祟、保护死者亡灵的作用。镇墓兽初见于战国早期（含春秋晚期）的楚国墓葬中，流行于魏晋至隋唐时期的多个地区，五代以后就基本上销声匿迹了。由于镇墓兽存续时间久远、分布区域广泛、形制材质不一、文化源头有异，给后人留下了更多的文化释读空间。

明器

专门为随葬而制作的器物，又称冥器或盟器。一般用陶瓷木石制作，也有用金属、纸等其他质地制作的。除日用器物的仿制品外，还有人物、畜禽的偶像，以及车船、建筑物、工具、兵器、家具的模型等。

汉代陶住宅模型

镇墓兽的存续

20世纪30年代，在长沙战国楚地墓葬中出土了一种面目狰狞、头插鹿角的木雕物件。有学者认为，它是古人"殉用以镇墓"的，又因其头部呈怪兽形状，于是便开始使用"镇墓兽"一词来指称这一类特定的明器。在随后的考古发掘中，相同或相似的物件在战国楚地的墓葬中多有出土。出土范围以楚国故都纪南城（今湖北荆州纪山之南）为中心，分布于湖北、湖南、河南、安徽等先秦楚国所辖区域内，在同一时期其他地区的墓葬中尚未发现，由此可以断定，这是楚地特有的丧葬习俗。根据墓葬的埋葬时间推断，这一习俗产生于战国早期，盛行于战国中期，消失于秦灭楚国后的战国后期。

西汉延续了先秦时期的镇墓传统，但西汉镇墓之物多置于墓上，"墓上树柏，路头石虎"。除了上置"石虎"以镇墓外，帝王豪门墓葬之上又多置"天禄""辟邪"（一角为天禄，二角为辟邪）等大型石雕作为镇墓之物，但墓葬内却少有镇墓兽的出现。一直到东汉中、晚期，随葬器物中才开始出现一种陶质的独角镇墓兽。这

獬豸

古代传说中主持公道的神兽，是古代司法正义的象征。其形象为独角高额，能分辨是非曲直、善恶忠奸，见到有人相斗，会用角"触不直者"；听到有人相争，会"咋不正者"。自春秋战国时期，便出现在古代司法官员（御史大夫、左右御史台、监察御史等）的服饰上，包括头上戴的獬豸冠，官服上绣的獬豸图案等。在今天，最高人民法院中区大厅铜版画正中的图案，法律出版社的社标等都有獬豸的形象。

北魏獬豸形象的镇墓兽

81

种独角镇墓兽呈四脚站立状，兽身空腹，尾短而翘，头顶独角。有学者认为，东汉独角兽仿制于先秦传说中的獬豸。

到了魏晋时期，除了沿袭汉末独角兽外，又出现了双角镇墓兽。在中原和长江下游地区的墓葬中还出现了一种作行走状的牛形镇墓兽。这种牛形镇墓兽与独角镇墓兽之间应该有着前后承继关系。在其后的传承中，南朝沿袭了牛形镇墓兽的形制，北朝的镇墓兽则有了较大的变化。这种变化集中体现在由兽向人的演变上，出现了兽身人面或人身兽面的镇墓兽。到北魏后期，又一改"一墓一兽"的惯制，出现了一座墓葬中放置两件镇墓兽的现象。两件镇墓兽一般一件为人面兽身，一件为狮面兽身，分别蹲坐在墓门两侧。

隋唐时期，镇墓兽承继了人面、兽面的传统形制。中唐时期，又出现了三彩镇墓兽。与前代相比较，唐代镇墓兽形象更加夸张与威猛，强调细部，如高耸的双角、夸张的羽翼、华丽的釉色等。镇

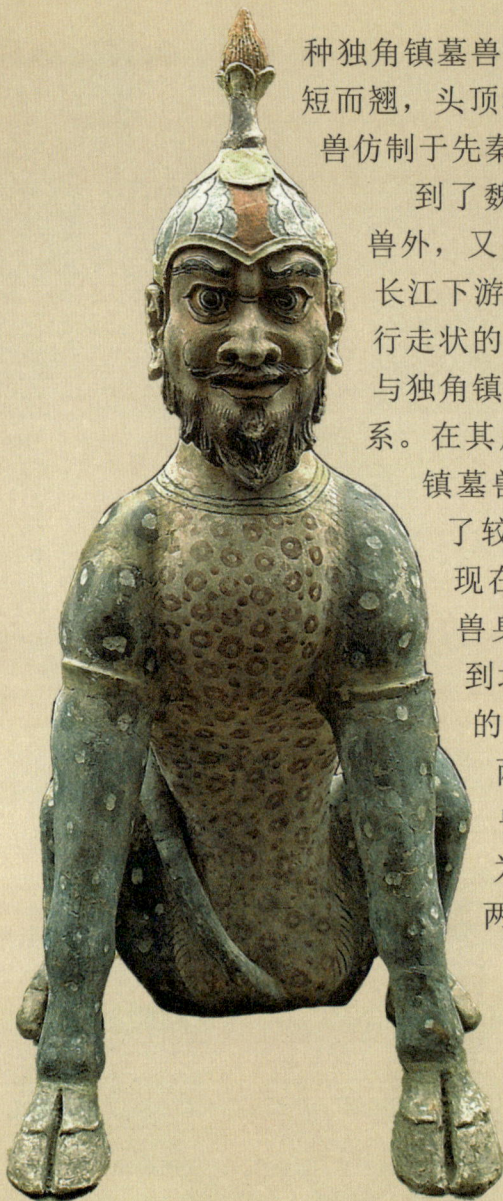

阿斯塔那唐墓出土的人首豹身镇墓兽

墓兽也往往成对出现：一呈双角兽面状，龇牙咧嘴，似怒吼；一呈胡人面像状，扇形耳，圆目怒瞪，张口露齿（这一类镇墓兽又被称

作镇墓俑）。五代以后，作为随葬的镇墓兽少有出现，表明这一习俗已近尾声。

唐三彩

唐三彩以白色瓷土或普通陶土做胎，在以铅化合物为助熔剂的透明釉内，添加铁、锰、铜、钴等金属矿物着色剂，形成褐、黄、绿、蓝等彩釉，与白色的基础釉搭配，以点洒、描绘、涂抹等手法施釉，釉色流动浸润，斑驳华丽。唐三彩为二次烧成：先以700—1100℃素烧坯件，施釉后再次入窑以800℃将彩釉烧熔。迄今发现最早的唐三彩出土于唐郑仁泰墓。唐三彩不仅用于随葬，还用于实际生活。

唐鲜于庭诲墓三彩俑男侍俑

镇墓兽的形制

从现有出土的镇墓兽来看，其材质以木质和陶质居多，骨质、石质和金属质则少见。

木质镇墓兽主要流行于战国时段：战国初期，镇墓兽形制简单，面部多无器官，直颈直身；战国中期，镇墓兽的形制渐趋复杂，有单头、双头之分，面部五官分明，作狰狞状，屈颈屈身；而

战国时期镇墓兽

到了战国晚期，或与战国中期相似，或呈直颈直身，面部已近乎人面。一个完整的木质镇墓兽一般包括可拆解的兽首、兽身和底座三部分，三者之间套榫为一个整体。兽首多呈虎面形；兽角为真鹿角，少则几叉，多则十几叉；底座有圆形、方形和梯形之别。根据头身的特征，又可分为单头单身、双头双身、异形式样等三种类型。

陶质镇墓兽出现于东汉中晚期，一直沿用到五代消失之时。由于时间跨度长，其形制也经历了一个发展演化的过程：东汉中、晚期开始出现陶质独角镇墓兽，西晋时出现了牛形镇墓兽，到南北朝时期出现人面镇墓兽，最后则为隋唐时期的兽面或人面成对的镇墓兽。

唐代陶质镇墓兽的变化

唐朝初年，镇墓兽人面表情和善，兽面造型似狮子，有些表面施以黄釉。中唐时期，镇墓兽的双肩开始塑出簇毛或双翼，独角增高，装饰增多，人面逐渐趋于兽面化，并出现神态生动的三彩镇墓兽。至晚唐时期，镇墓兽呈张牙舞爪、手中握蛇、脚踩怪兽、弓步站立状，人面与兽面已经难以分辨。

唐长乐公主墓出土的镇墓兽

镇墓兽的象征意义

古人把镇墓兽放置在墓门处，显然有保护死者尸体免受戕害的目的，再联系古人灵魂不死的观念，以求得死者灵魂的复生（或升天）才是放置镇墓兽的最根本的目的。那么，镇墓兽的原型及象征意义又是什么？大家众说纷纭，有两个主要观点。

一是镇墓兽是现实动物信仰的升华，采用虎面、狮面、鹿角、牛形等动物造型与古人对这些动物的信仰有关。在古人的观念中，虎是百兽之长，还能辟邪。而鹿在中国古代是仁兽、瑞兽，用鹿角插于兽首之上，有导魂升天的象征意义。还有人认为，独角镇墓兽的出现，是古代人殉、兽殉明器化的结果，即以陶俑代替人殉，以独角兽等代替兽殉。独角兽也并非单一的某一种动物，而是狗、鹿、羊、豹、虎等多种动物的复合体，是超能力的象征。

二是镇墓兽是神话传说的物化形态，古人需要借助现实中的动物把传说中的事物具象化。例如土伯，它是上古时代人们信仰的冥界统治者，传说它虎头、牛身、长着3只眼睛、一对利角。人们惧怕它，于是在墓中放置土伯造像对其加以膜拜。再如，在楚地的墓葬中，只有那些地位较高、随葬有兵器的男性墓葬才随葬镇墓兽。因此有研究者认为，镇墓兽的放置应该与楚国军事有着直接的关系，是楚国官方授予死亡将士的一种具有追授意义的荣誉。从这个意义上来说，镇墓兽仿自于传说中的兵主——蚩尤的形象。

除了上述诸说外，其他还有方相氏说、山神说、死神说、灵魂说、龙信仰说、生命之神说，等等。

重庆彭水蚩尤九黎城

蚩尤

传说蚩尤是九黎之君，炎黄部落与蚩尤部落在涿鹿激战，黄帝部落最终打败蚩尤，势力和声望大增，黄帝被推举为部落联盟首领。《逸周书》有"命蚩尤宇于少昊，以临四方"，可知其族原属东夷集团，在漫长的历史进程中，该族曾向广阔的中华大地发展，除与其他古族共同融为华夏族外，今苗族仍有蚩尤是自己始祖的传说。

85

古代针具漫谈

针在我国有着悠久的历史，山顶洞人遗址中就有骨针出土。金属针的出现也很早，至少在秦汉时期，中国人就用金属针缝衣服了，而且还用它治病。针灸是中医针术和灸法的合称，针术以针刺穴位，灸法用艾灼穴位，一针一艾，或刺或灼，达到防病、除疾的目的。2010年10月16日，中医针灸被联合国教科文组织列入《人类非物质文化遗产代表作名录》，成为世界级的文化瑰宝。那么中医针灸的主要器具——针具的演化过程及其主要形制是怎样的呢？

原始针具

针灸以针立世，无针难称针灸。针具的出现与演化是针灸之术得以发生与发展的关键性因素。关于针灸针具的起源，中国古代就有伏羲氏"尝草制砭""尝百草而制九针"的记述。伏羲本是传说中的人物，言其制针难有实证，但这并不妨碍我们对原始针具的了解。考古发现与文献记述为我们勾勒出了原始针灸针具的主要形态：

石针、骨针、草木针、陶针等。

古人把用以刺病的石针称为"砭石"。砭石是新石器时代的产物。根据《黄帝内经·素问》的记述，砭石是东部沿海一带以渔为业的民族的发明。古人对制作砭石的原料也很讲究，要选用如玉般的细腻石料。砭石的形制也有所不同，或有锋，或有刃。那么，砭石是如何与治病结缘的呢？由于缺乏相关的文献记述，我们只能根据人类历史的发展进程做出合理化的推断：原始社会，人类生存环境极为恶劣，先民在被尖物刺激的情况下，或感受到疼痛，或疼痛消减。他们开始有意识地打磨一些尖状石器，或用来抵顶体表以缓解疼痛，或切开痈肿以排毒放脓。于是，最为原始的针刺器具便产生了。在金属针具出现以后，砭石与针刺逐渐分离，最后自成一体，发展成了中医六大医术之一的砭术。

山东莒县陵阳河遗址出土的玉砭石

骨针的出现与石针一样古老。我国境内已发现的最早的骨针出土于距今1.8万年的山顶洞人遗址中。这枚骨针长约8.2厘米，针身略弯，粗处直径为3.3毫米，针尖锐利，尾端有眼。它是否曾经有过针刺的记录我们不得而知。在属于大汶口文化的江苏邳州大墩子遗址中，也曾发现有8枚骨针，其中6枚骨针和一些骨锥一起放在一副龟

成语时刻

针砭时弊

"针砭"比喻发现或指出错误，以求改正；"时弊"指当前社会的弊病。像医病一样，指出时代和社会问题，求得改正向善。

针锋相对

针尖对针尖。比喻针对对方的论点或行为进行回击。也比喻双方的观点、论点、行动、策略等尖锐地对立。

甲内，有专家推测，这些骨针与骨锥是古代巫医所用的医具。

除了石针、骨针以外，原始针具还有草木针、陶针等。古代"针"字又写作"箴"，《说文解字》解释为"缀衣箴也，从竹咸声"。古代"草"字又有"刺针"的解释。草木针天成易得，后人推测其应用可能早于砭石，但因其易于腐烂，所以难于存世。在新石器时代的考古遗址中，也曾有陶针出土。

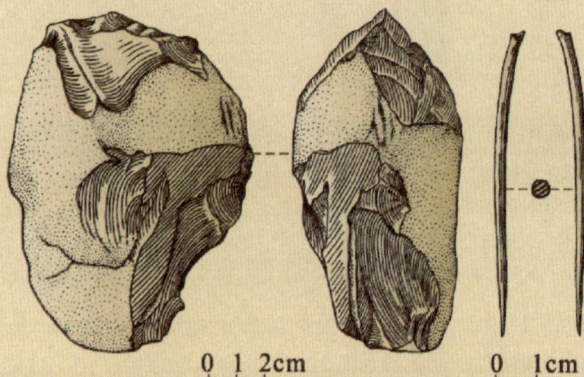

0 1 2cm   0 1cm

山顶洞人遗址出土的石器和骨针

金属针具

金属针具始于青铜时代，青铜是红铜与锡、铅等的合金，熔点在700—900℃之间，比红铜的熔点低，硬度却为红铜的4.7倍。相比石质针具，青铜针更为锋利、耐用，应用也更为广泛。事实上，在金属针具出现之后很长的一段时间里，曾经存在石针、金属针共用的时代。到了战国时期，冶铁技术渐趋普及，铁针开始出现。铁针易生锈，局限较多："铁针……柔铁即熟铁，有毒，故用马衔则无毒。"在后世的金属针具中，还有金针、

刘胜墓金针

银针。金针、银针性能上优于青铜针与铁针，但成本昂贵。1968年，在河北满城汉墓1号墓（西汉中山靖王刘胜墓）中就曾出土了4枚金针和5枚银针。这些针具的长度在6.5—6.9厘米，针体上端有方柱形的柄，比针身略粗，柄上有一小孔。据专家研究，这批金银针与《黄帝内经·灵枢·九针十二原》中所述的"九针"形制相似，可以确认为早期的针灸用针。针具的优劣与制针技术有着直接的关系。明人杨继洲在其《针灸大成》中详细记录了古代的制针过程，并附煮针方剂。

九针与毫针

金属针具在取代原始针具的同时，也带来了针灸技术的变化。在后世的针灸实践中，应用最广的是九针及属于九针之一的毫针。九针是镵针、圆针、锃针、锋针、铍针、圆利针、毫针、长针、大针等九种针具的总称。九针一说出自《黄帝内经》，按其《素问》所言，九针是南方人民的创造。

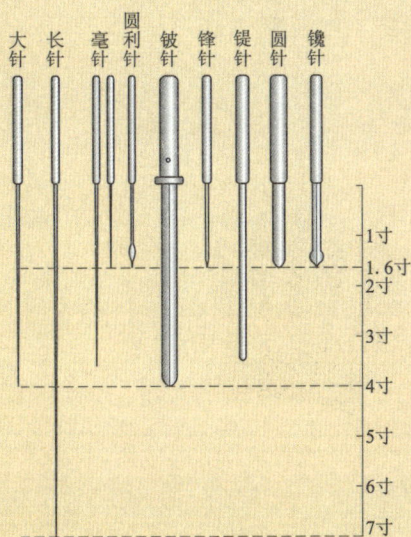

九针图

《黄帝内经》

中医学奠基之作，现存最早的中医理论经典著作。简称《内经》。共18卷，162篇。由《素问》与《灵枢》（各9卷）组成。这是一部托名"黄帝"的著作，是在长期的流传过程中，经过众多医家之手编撰而成。多数学者认为，该书的主要部分形成于战国后期，迄于汉代，陆续有所补订。《黄帝内经》全面而突出地反映出当时医学内容已趋于系统、成熟，并对天文、历法、物候、地理、气象等均有较高水平论述。

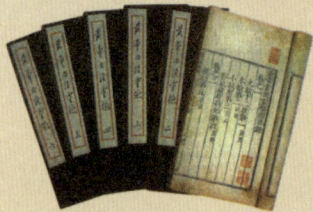

根据《灵枢》的记载，九针的形状、长短不一，对应的病症也有所不同。

毫针在九针中应用最广，又称微针，其针身细软如毛发，针尖如蚊虻的口器一样尖锐，可用于寒热痛痹在经络者，能扶正祛邪。毫针的结构可分为5个部分：针尖、针身、针根、针柄和针尾。针的前端锋锐部分称针尖，又称针芒；针尖与针柄之间的部分称针身；针体与针柄连接的部分称针根；用铜丝或铝丝缠绕呈螺旋状的一端称针柄；针柄末端也用铜丝或铝丝缠绕，呈圆筒状，是温针放置艾绒的地方，称针尾。根据针尾与针柄形状的不同，毫针又可分为环柄针（圈柄针）、花柄针（盘龙针）、平柄针（平头针）、管柄针4种。

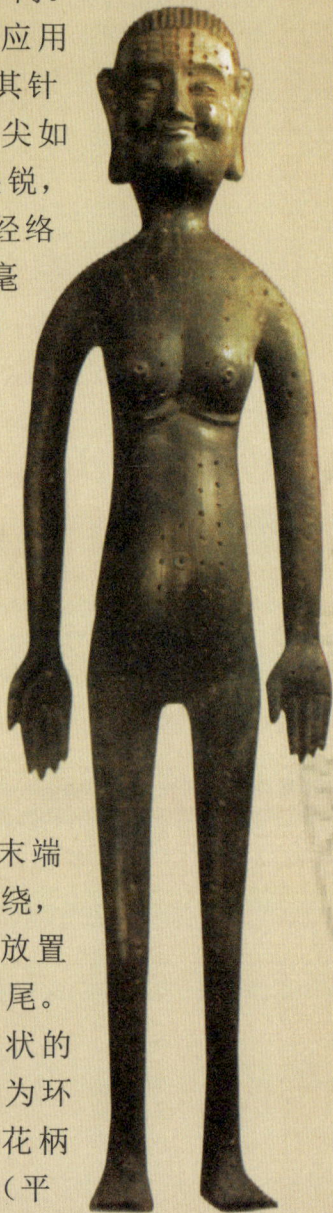

针灸铜人

现代毫针源于古代，但与古代毫针相比较，不论材质还是形制，二者都有着明显的差异。材质上，现代毫针一般采用不锈钢制成，其硬度强、弹性好，不易变形，也更为锋利。除此而外，也有金银及合金制成的毫针。毫针的规格主要以针身的长短和粗细来划分，针身短的15毫米，长的125毫米；直径粗的如26号针，为0.45毫米，细的如35号针，为0.22毫米。一般而言，短针多用于耳针及浅刺，长针则多用于深刺。

你问我答

问："只要功夫深，铁杵磨成针。"古人真的这样做针吗？

答：别说，古人做针还真是从加工大铁块开始的。明代宋应星在《天工开物》中记述了古人制针的方法：①先把铁块锤成细条，准备一把有小孔的铁尺，将铁条从铁尺的孔中用力拉过，变成粗细均匀的铁线。②逐寸剪断铁线，一端锉尖，另一端锤扁，在锤扁的那端钻孔，即为针鼻，打磨平。③把这些半成品的针放到锅里，用细火慢炒，炒好后用土末、松木灰、豆豉等"佐料"把针盖住，然后再蒸，当露在外面的针头可以用手捻碎时，就可以起锅了。④起锅后，还得完成最后一道工序——淬火，针的软硬程度全取决于这道工序。

轮声辘辘 话古车

车是"陆地上有轮子的交通工具",车的发明与进步是人类文明进程中的重要标志。今天我们出行有火车、汽车、电力车,快捷而舒适。早几年还能一睹风采的马车、牛车、人力车等传统交通工具逐渐淡出我们的视野,只能偶见于乡野山村。尽管这些传统交通工具已少有实用价值,但它们所承载的文化信息却值得我们回眸。

古车的起源与演化

有关中国古代车起源的传说不少,主要集中在两个人物身上:黄帝与奚仲。黄帝是中华民族的始祖,传说他见飞蓬(多年生草本植物,遇风吹则旋转)转动,灵感顿现,发明了车;又说他因为发明了车,才被称为"轩辕氏"。奚仲是夏代薛部落的首领,司职夏代车正(车辆总管),传说他"桡曲为轮,因直为辕"制造了车。从早期车的复杂结构上来看,车的制造绝非一人、一时之能，因此，某一位人物造车的可能性不大。考古发现最早的实证出现在河南偃师二里头遗址中，曾发现了两条平行的车辙痕迹，痕迹间距约1米，呈东西向延伸，"前有车，后有辙"，可以确定，早在夏代中国就已经出现了两轮车。

最早的实物车出土于河南殷墟。殷墟车马坑中曾出土多辆殷商时期的车子，皆为一辀、一衡、两轭一舆的双轮车。这些车与殷墟甲骨中许多"车"字的形制相仿。西周时期，车被广泛应用于战争、狩猎、农事等诸多方面。《诗经》305篇作品中有57篇记述了车的内容。在先秦时代，车有"小车""大车"之分。马拉的车叫小车，也称轻车、驰车或戎车，是贵族出行和作战用车。小车地位高，也是衡量一个国家强弱的标志，有"千乘之国""万乘之国"之说。牛拉的车称大车，大车地位低，主要是运输之用。战国时期出

《诗经》

中国第一部诗歌总集。简称《诗》，或称"诗三百"。共包括305篇作品。

《诗经》收录了自西周初期至春秋中叶（约公元前11世纪至前6世纪）大约500年间的诗歌，这些作品是由周王朝乐官在古代献诗、采诗制度基础上搜集、整理、选编而成，分为《国风》《雅》《颂》三大部分。

宋代马和之绘《小雅鹿鸣之什图》

93

现了双辕车,较之单辕车,双辕车车体牢固,载重量大。同是战国时期,人们从匈奴人那里学会了骑马,自从骑兵开始出现,战车有所消减。

胡服骑射

战国时期赵国推行的一次重大军事改革。公元前307年,赵武灵王下令推行胡服骑射,力主学习北方游牧民族的军事文化长处,仿照他们的服饰、装备和战术,组建骑兵部队,训练马上射箭作战战术。这场改革仅历时十年,就使赵国一跃成为当时的军事强国。

河北邯郸赵武灵王丛台

秦汉时期,车的形制进一步完备,车的种类也更为丰富。以秦车为例,当时就有帝王用的金银车、安车、步辇,王侯用的高车、

秦始皇陵铜车马

辀车,民间用的牛车、马车,军队用的轻车、重车,驿传用的传车等。汉末以后,出现了记里鼓车和指南车。"记里鼓车,驾四,形制如

司南，其中有木人，执槌向鼓，行一里则打一槌。"这是一种利用减速齿轮系统带动车上小木人而报告行车里程的机械车，由东汉科学家张衡发明。"指南车，其始周公所作，以送荒外远使，地域平漫，迷于东西，造立此车，使常知南北。"文献记述，自东汉而后，马钧、祖冲之等多位科学家都曾制造出指南车，但均没有流传下来。

隋唐时期车的主要形制仍沿袭前代。达官出行，流行不施车轮的辇与舆；民众运输，除马车外，牛车增多。宋元时期，在华北、西北等地最为常见的是太平车和独轮车。太平车专供载货之用，有二轮和四轮之分，车行缓慢，由骡、驴、牛拖拽，大的太平车载重量可达数十石。独轮车也称"串车"，前后二人把驾，两侧二人扶拐，前用毛驴拽引，用于搬运货物，明

指南车

山东梁山汉墓壁画车马出行图

代时称这种独轮车为"双缱独轮车"。清代出现了轿车（马车与轿子结合的产物）与黄包车。

祖冲之（429—500）

中国南北朝时期的数学家、天文学家。字文远。祖冲之的主要贡献：①计算圆周率，首次将"圆周率"精算到小数点后第七位，即在 3.1415926 和 3.1415927 之间。他用最新的圆周率成果修正量器容积的计算，以密率来校算律嘉量斛，约率 22/7。后人制造量器时就采用了"祖率"数值。②编撰《大明历》，优化时间计量。其一，最早将岁差引进历法。其二，采用了 391 年加 144 个闰月的新闰周。其三，发明了用圭表测量冬至前后若干天的正午太阳影长以定冬至时刻的方法。其四，首次精密测出交点月日数（27.2122304）。

古车的结构与制作

在结构上，中国古代车包括运转、装载和驱动三部分。

运转的主体是车轮，由毂、辐、辋、轴、軎、辖等部件组成。毂是车轮中心用以贯轴的圆木，内有圆孔以纳车轴，外有凿孔以插辐条。车辐少则十几条，最多则有 28 条。车辐集中于车毂，称"辐辏"。辐条一端入毂，另一端入辋。辋是轮子的外边框，也称"輮""牙"，多用揉曲之木制成，"輮以为轮"。车轴是一根圆棒，上承车舆，两端套车轮。軎是套在车轴两端露出的部分轴头。为防车轮脱落，轴头上设孔，用以插"辖"。辖就是俗称的销钉。另外，在车厢和车轴之间还有两个衔接的木块，因形状似蹲伏的兔子，称"伏兔"，也称"輹"。

装载的主体是车厢，称"舆"，用以载人或装物。早期车厢不封闭，仅以木栏围合，称为"轸"。木栏前面的横木称"轼"，木栏左右略高于"轼"的横木称"较"，皆供乘车人扶手之用。因为古人站着乘车，所以必须有扶手。轸的后面留有缺口，供人上下车之用。缺口处有供登车时手挽的索，称"绥"。舆之上早期有形如大伞的盖子，后来出现了围拢的帐幔。

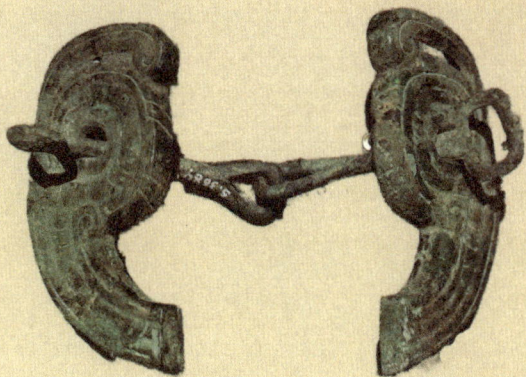

西周早期马衔镳

驱动的主要构件是辕、轭。辕又称"辀"，二者又有区别，一根的称辀，二根的称辕。先秦车多为独辀，或二或四甚或六匹马处于辀的两侧。汉代以后，双辕车流行，马处双辕中间。辕的后端连着车轴，前端拴着一根弯曲的横木叫"轭"。辕和轭联结处也用辖，叫"軏"。停车的时候要用"轫"。轫就是置于车轮下阻止车轮转动的一块小木头。行车时需先将轫取出，车轮方能转动，所以启程又称"发轫"。

早在春秋战国时期，古人就形成了一套成熟的制车规范。成书于春秋战国之际的《周礼·考工记》记录了周车的制作标准，对车轮、车辕、车舆等关键部件提出了一系列的技术要求与校验手段。例如车轮，讲究正圆、平整，辐条要笔直，轮子直径适中，两轮大小相等。这些有关车的规制多数被后世沿用了下来。

古车的动力与驾驭

中国古代车的动力主要是人力与畜力。

人力有限，以轻便的两轮车或独轮车为主。先秦时期，大型的人力两轮车称"辇"，为君王所乘。一木横遮车前，二人挽之，三人推之。后来改用人力抬辇，称为"步辇"或"步舆"。小型的手推车叫"鹿车"，"俗说鹿车窄小，载容一鹿"。宋代以后始有"独轮车"的称谓，今天四川的"鸡公车"和江南的"羊角车"就是这种独轮车。有人认为，诸葛亮北伐时，蒲元等人发明的"木牛"就是一种特殊的独轮车。清代末年出现了一种人力两轮车，因其外形漆成黄色，又被一些有钱人成年累月包用，因此得名"黄包车"。又因最初由日本引进，也称"东洋车"。

畜力车主要是马车与牛车。以牛驾车起源较早，商代就已经驯服牛来拉车了，至战国时得到普及，并一直延续了下来。最初人们用绳把一根横木缚在牛的两角上，既防止牛角触人，又能牵着牛走，后来改用鼻环系牛，

东汉陶车马

牵着牛鼻子走。以马驾车始于商代，最初的独辕马车采用"轭靷式系驾法"，即在马车独辕的前端置一衡木，衡木两侧安有车轭，用它夹住马的颈脊，轭钩上系有拉马的靷绳。两宋以后采用"鞍套式系驾法"，即马背上放鞍子，以鞍承辕，马肩上有套，靷绳系于套，联于车，这种系法一直沿用至今。除了牛马车外，古代的畜力车还有驴、骡、驼、象车等。驴、骡车来自西北少数民族地区，骆驼作为驾车的动力多见于西北地区，大象则多见于西南地区。

既用畜力，就有驾驭。《小雅·车攻》中说："四黄既驾，两骖不猗。不失其驰，舍矢如破。萧萧马鸣，悠悠旆旌。徒御不惊，

大庖不盈。"讲的是车夫驾车时，必须快慢适中，从容自得。其他如"六辔如濡""六辔如丝""六辔沃若"等，讲的也是驾车的样子。儒家"六艺"中的"御"讲的就是驾驭之术。除此之外，古人乘车也有一定的讲究。以先秦时的礼节为例，古人乘车以左为尊，一车三人，尊者在左，骖乘（陪乘）居右，御者居中。兵车则不同，如是将帅之车，则主帅居中，便于指挥，御者在左，护卫居右；如是一般兵车，则是御者居中，左边一人持弓，右边一人持矛。赶马的鞭子也有竹质与皮质之别，竹质的称"策"，皮质的称"鞭"，"鞭策"一词即由此出。

记里鼓车

中国古代能自报车行里程数的车制。车中装设具有减速作用的传动齿轮系和凸轮杠杆等机械，始终与车轮同时转动。其最后一根轴在车行1里或10里时才回转1周，再经过传动机械，车上木人受凸轮的牵动，由绳索拉起木人右臂击鼓，以计所行里程。据考证，记里鼓车和指南车都是东汉以后出现的。这种车仅用作帝王出行时的仪仗。记里鼓车的创造是近代里数表、减速器发明的先驱。

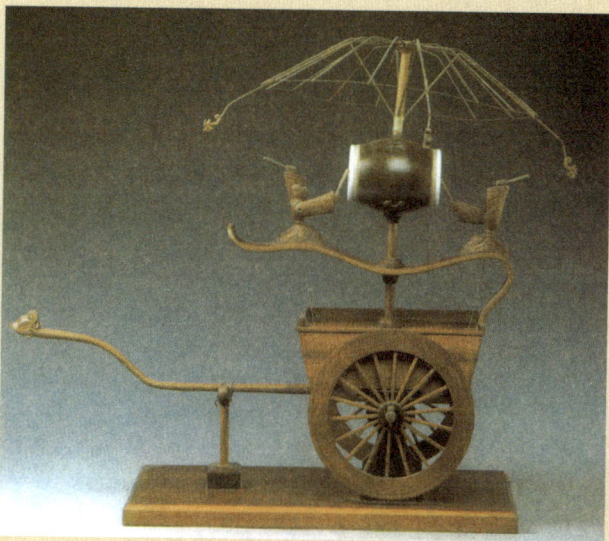

记里鼓车

古代的梨花枪

枪头

梨花筒

枪杆

梨花枪是一种融合了枪与炮的特点，既具有远距离投射，又有近身防卫功能的复合型武器。在中国军事兵器演变史以及中国武术器械发展史上，梨花枪都算得上鼎鼎大名，独树一帜。

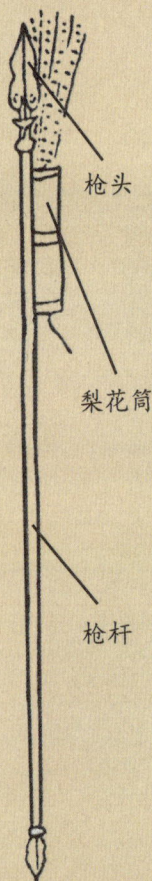

梨花枪的构造

对梨花枪最为详尽的描述，出现在由明朝抗倭将领胡宗宪主持，郑若曾编纂的《筹海图编》中。《筹海图编》中记载："梨花枪者，用梨花一筒，系于长枪之首。临敌时用之，一发可远去数丈，人着其药即死。火尽枪仍可以刺贼，乃军前第一火具也。"根据文中的叙述，梨花枪具备两种功能：首先它是一种火器，能发射火药，而火药燃尽之后，又可以作为攻防击刺的武术器械。可以说，这种兼具远近杀伤力的装备问世后，便成为历朝历代军队的必备轻武器。

梨花枪主要由枪头、枪杆和梨花筒组成，其中梨花筒一般是以纸、大竹或者牛皮为材料制成；枪杆是木制的，或者用铁皮包裹。当然，随着时代的变化，梨花枪的外观和功能也是有差异的。如明代的梨花枪便是用牛皮裹住大竹晒干后制得梨花筒，用檀木制作枪杆。梨花筒形状如尖笋，小口口径约拇指大小，大口口径约两寸，待筒内装好火药后，用纸封住小口，并导出引火线，用泥封住大口，打实并固定。梨花枪枪杆长一丈二尺，梨花筒便绑在长枪头上。到了清代，梨花枪有了改进，此时的梨花筒还是用竹子制作，但用三道铁箍取代了牛皮。梨花枪的枪杆变短，只有七尺三寸，但它的枪头却是由一个五寸长的直刃和一个六寸长的横刃制成，这种双刃结构赋予了梨花枪钩、挑、镗的作用，丰富了其杀伤性能。

明代唐顺之撰写的《武编》收集了各种可用于梨花筒发射的火药配方，比较典型的两个便是"神烟方"和"神火方"。"神烟方"的主要成分是"火硝一斤，硫四两，用小便煮过；炭三两，獐脑一两，轻粉一钱，阳起石一两，石黄一斤，砒四两"，将这些粉末研磨搅匀，置于竹筒中。这种"神烟方"一经发射，百步之内浓烟弥漫、目不能视。而"神火方"则是"烟硫一斤为末，好烧酒三斤，拌汁晒干，加硇砂一两，硝半斤，针砂四两，硫黄四两，炭二两"。据记载，这

《筹海图编》

明代有关海防的军事地理著作。共13卷，图172幅，约300千字。该书主要叙述中国沿海的地理形势，明朝海防设置、海防方略，选兵、择将、治军的原则，倭寇的基本情况以及双方兵器状况，是明朝以后历代筹划沿海防务的重要参考，也是研究中国海防地理重要的历史资料。

种"神火方"作战时"火发如群蜂相似，敌人离我四五丈地，先被此火并火石、铁三色子烧脸，目不能睁，我先胜四五丈地，彼敌不能前进"。由此可见明代的梨花枪还是很有杀伤力的。此外，《武编》上记载的一些配方还渗入了有毒的材料，如硫黄煎过的铁块、砒霜等，这是为了使梨花枪产生"人着其药即死"的威力。

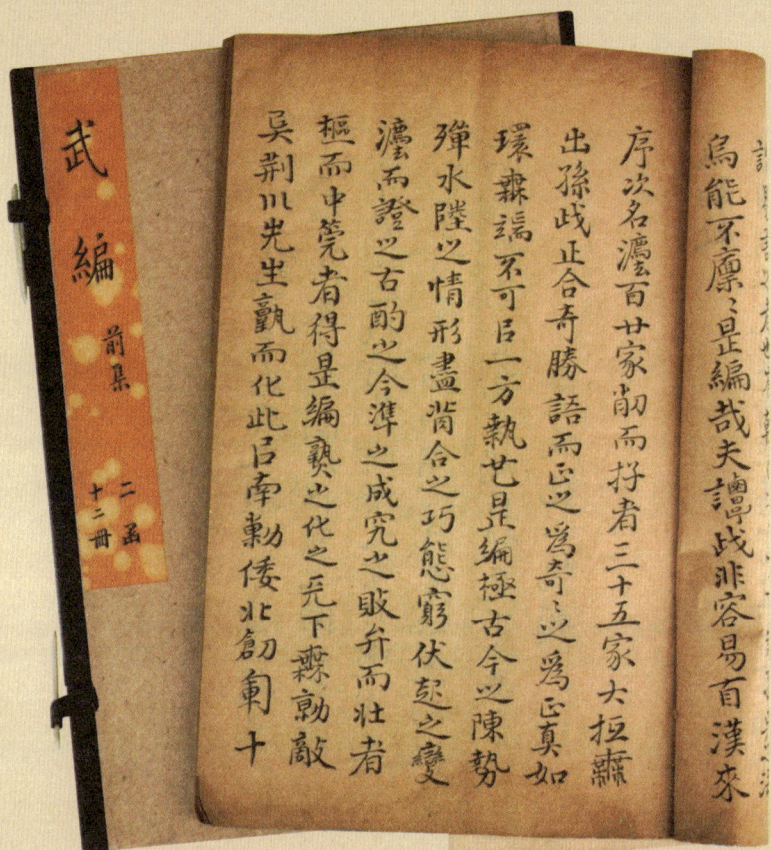

《武编》书影

关于梨花枪名字的由来，有人说是由于其药筒中喷出之药，恰如梨花飘落而得名；也有人说是因喷药筒内装有形似梨花的铁蒺藜、碎铁屑而得名；还有人说是因为发明者南宋红袄军首领李全以一套敏捷多变的梨花枪法称雄山东，遂以梨花二字命名这种新型武器。对于梨花枪是否由李全发明，还是有争议的。

中国古代四大发明

源自战国时期的人们用天然磁石做成指南工具司南。宋代掌握了用天然磁石摩擦磁化钢针的方法，开始使用人造磁铁制成的罗盘等指南工具。北宋末年，中国的海船上开始使用指南针。

指南针

西汉时期，人们已经懂得造纸的基本方法。东汉时，蔡伦改进造纸工艺，纸的质量大大提高，使用日益普遍，成为人们广泛使用的书写材料。

造纸术

唐代已发明火药。唐末，火药开始运用到军事领域；宋元时期，火药广泛用于战争，当时，人们主要利用火药的特性，制成爆炸性武器或管形火器。

火药

隋唐时期发明了雕版印刷术，北宋毕昇发明了泥活字版印刷术。此后，能工巧匠们又发明了木活字。元代王祯发明转轮排字法。元中期，出现铜活字印刷。

印刷术

梨花枪的发展史

其实早在南宋，我国的火器制造技术便已达到世界领先水平，但由于蒙古入侵中原，南宋的许多先进火器均因"造法不传，后亦罕用"而中断。直到明成祖时期，政府设立神机营，才大大推动了火器的规模化发展。明代的梨花枪发明于景泰元年（1450），到了嘉靖七年（1528），梨花枪改进后又装备于骑兵。在战场上，梨花枪更是发挥过巨大威力。前面提到的胡宗宪，便是明朝抗击倭寇的名将，他率领的军队便使用梨花枪击杀过敌兵，取得了巨大胜利。再反观南宋的史书，尽管没有明确提到过"梨花枪"这种火器，但此时军队中装备的"飞火枪"实际上就是一种梨花枪。这种飞火枪枪头下装有二尺长的药筒，药筒用一种硬黄纸制作，内含柳炭、铁滓、磁末、硫黄、砒霜等混合药剂，具有燃烧、喷射等作用。由此可以认为，梨花枪发明于南宋。

梨花枪不仅在军事上发挥过重大作用，到了清代，梨花枪既是军中的武器，也是仪仗队配备的武具。《钦定八旗通志》卷四十《军

明人绘《倭寇图卷》局部

器》记载的武器有长枪、火焰枪、钩镰枪、双钩镰枪、虎牙枪、蛇镰枪、雁翎枪、十字镰枪、火镰枪、梨花枪、手枪、钉枪、矛、戟等。另外，显示皇权的威仪时，梨花枪也是必备的礼器，据《清朝文献通考》卷一百九十四《兵考》记载，皇朝礼器中的武具包括长枪、火焰枪、钩镰枪、双钩镰枪、虎牙枪、蛇镰枪、雁翎枪、十字镰枪、火镰枪、梨花枪、手枪、钉枪等。

神机营

明朝永乐初期建立的守备京师的火器部队。属于明朝京军三大营之一。神机营专管神枪、神炮等火器操练，征行驻营在骑卒之外。战时，神机枪炮兵列于全军阵前，轮番齐射，摧毁敌锋。明末废弛。

华贵绮丽话蜀锦

蜀锦与南京的云锦、苏州的宋锦、广西的壮锦一起，并称为中国四大名锦。蜀锦因年代最为久远、工艺最为独特而被誉为"东方瑰宝，中华一绝"，是我国珍贵的传统文化遗产。

蜀锦的历史传承

四川古称"蜀"，《释文》和《玉篇》里说"蜀"是"桑中虫"，亦即蚕虫，因而古蜀国也有"蚕丛国"之称。早在春秋战国时期，以成都为中心的古蜀国就以"布帛金银"之丰饶而闻名于天下。史书记载，西汉初年，成都地区的丝织工匠就在织帛技艺的基础上发明了织锦。"锦"就是用彩色丝织成的多彩提花织物，因盛产于蜀，因而称之为"蜀锦"。

蜀锦在中国丝绸发展史上占据着重要的地位，对各朝各代的政权稳定和经济发展均产生过重要影响。东汉末年，魏蜀吴三国分立，当时蜀国最为弱小，诸葛亮辅佐刘备，把蜀锦作为国家重要物资加以发展，为表示和吴国的友好，诸葛亮还专门派遣使节送"重锦千端"（一端相当于现在的50尺）去吴国，劝说孙权与蜀国交好，共同对付魏国。

唐代的蜀锦业更加兴旺发达，从果州（今南充）、保宁府（今阆中）等地所产的生丝源

剑门蜀道

源不断地涌向成都，用这种丝织成的蜀锦质纹细腻、层次丰富。唐玄宗身穿的五彩丝织背心，其费百金，被视为"异物"；安乐公主出嫁时的一条单丝璧罗龙裙，"飘似云烟、灿如朝霞"，系用"细如发丝"的金线织成，图案上的小鸟栩栩如生。此外，还有专门为宫廷织造的《兰亭集序》文字锦。蜀锦不仅成为当时上层贵族享用的奢侈品，而且通过丝绸之路，成为中国沟通世界的桥梁与纽带。

三国鼎立

东汉末年形成的魏、蜀、吴三个割据政权鼎立的局面。时间从220年曹丕代汉称帝起至280年晋灭吴止。208年的赤壁之战，刘备、孙权联军击败了曹操的大军，为三国鼎立奠定了基础。220年，曹操的儿子曹丕废掉汉献帝，在洛阳称帝，国号魏。221年，刘备在成都称帝，国号汉，史称蜀汉。222年，孙权称吴王，国号吴。三国鼎立形成。

丝绸之路

西汉时，汉武帝派遣张骞于公元前138年、前119年两次出使西域，开辟了通往西域的道路。中国的丝绸、茶叶等物品及科技和先进农业技术从长安出发，穿过河西走廊，经西域运往中亚、西亚，直到欧洲，西域的核桃、葡萄、石榴、玻璃、宝石、良种马，以及音乐、舞蹈等也传入中原。这条大路后被誉为"丝绸之路"。

丝绸之路玉门关遗址

汉代还开辟了多条海上航线，其中一条航线从东南沿海港口出发，经中南半岛南下，绕过马来半岛，穿过马六甲海峡，通往孟加拉湾沿岸，最远抵达印度半岛南端和斯里兰卡，中国的丝绸等物品经此再转运到欧洲。这条航线后被称之为"海上丝绸之路"。

宋元时期，蜀锦的声誉越来越大，在成都设有专门生产蜀锦的"锦院"，院内生产蜀锦的作坊，小的有几十个人，大的有上百人。工序有挽丝、用杼、练染、纺绎等十几种，已经形成较完备的手工工场。这一时期不仅织造提花技术有了很大的改进和提高，练染技术也发展到了相当水平。成都平原的岷江两岸，随处都能见到人们将丝线练染后放入河中漂洗，五颜六色的颜料将岷江变成了一条艳丽夺目的彩带。相传成都因此被称为"锦城"，岷江流经"锦城"河段被称为"锦江"。

明末全国性大动乱对蜀锦的生产摧残严重，清代蜀锦得到恢复，并受到江南织锦很大影响，又产生了月华锦、雨丝锦、方方锦、浣花锦等品种。

蜀锦的图案风格

　　蜀锦图案的取材十分丰富，包含诸如神话传说、历史故事、吉祥铭文、山水人物、花鸟禽兽等内容。这些图案经历了2000多年的发展变化，在不同时期具有不同的特征，但巧妙地应用寓合纹样是其贯穿始终的特征。寓合纹样选用动物、植物、器物、字纹、几何纹、自然景物以及各种祥禽瑞兽等题材，用其形、择其义、取其音组合成含有一定寓意或象征意义的纹样图案。常常含有吉祥、如意、顺利、喜庆、颂祝、长寿、多福、富贵、昌盛等美好吉利的寓意。比如：石榴与蝙蝠一起组成"多子多福"的图案，两个柿子和如意组成"事事如意"的图案。

　　先秦时期的图案主要以简单的几何纹为主体，战国时已出现在几何骨架中相向对称排列的人物及动物图案。秦汉时期把简单、静态的菱形纹、回纹、云雷纹和云气纹发展为在云气之间自由奔驰的各种祥禽瑞兽等动物图案，统称为"云气动物纹"，其造型奔放活泼，取材主要是当时人们普遍接触到的云彩鸟兽、狩猎骑射等内容，在锦纹图案中还常常配以各种吉祥的铭文，这些铭文与当时的社会风俗和宫廷活动都有密切的关系。

　　南北朝时期，动物图案以静态为主，如方格兽纹锦，在方形彩色格子中，排列着卧

《蜀锦谱》

　　记述中国宋代官办丝织业和蜀锦情况的专著。元代费著撰。记述宋代设于四川的官办丝织手工业机构的规模、产品原料、品种和数量等，并记述蜀锦的历史、品名、色彩和图案。全书分概述和名色两个部分，其中概述部分扼要阐明蜀锦的历史，名色部分阐述蜀锦的品名。

狮、牛、大象等动物，形成了一种新颖的风格。这段时期还出现长带波状主轴的植物纹样以及缠枝连理纹样、对称纹样等。还有成对称排列的动植物图案装饰在一定的几何骨架之中，如新疆阿斯塔那墓地出土的北朝时期的树纹锦，树的形象采用左右规则而对称的排列，各组树纹上下之间缀以菱形点，显现出色彩明暗的层次变化，规则而不呆板。

唐代是我国经济文化十分繁荣的时期，宫廷和上层阶级日趋奢侈享乐，爱华美的风气反映到蜀锦图案中来，纹样以更敦厚饱满、自由活泼、色彩富丽的折枝写生花鸟图案和团窠、卷草纹样为主体。唐太宗

蜀锦工艺品

时，益州的大行台窦师纶（封陵阳公）创制的锦绫新花样最为著名，被称为"陵阳公样"，对唐代及唐以后的织锦图案影响十分深远。瑞鸟衔花的织锦图案也是官服中常见的题材，根据官职的大小分了很多等级，在配色上也有严格的区别，体现了封建社会中严格的章服制度和等级制度。莲花和宝相花开始大量出现在蜀锦装饰纹样中，莲花原是佛教崇拜的圣花，取其"出淤泥而不染，濯清涟而不妖"之意，象征最高尚的纯洁。可见，宗教文化意识对蜀锦纹样的渗透和深刻影响。

爱莲说

北宋·周敦颐

水陆草木之花，可爱者甚蕃。晋陶渊明独爱菊。自李唐来，世人甚爱牡丹。予独爱莲之出淤泥而不染，濯清涟而不妖，中通外直，不蔓不枝，香远益清，亭亭净植，可远观而不可亵玩焉。

予谓菊，花之隐逸者也；牡丹，花之富贵者也；莲，花之君子者也。噫！菊之爱，陶后鲜有闻。莲之爱，同予者何人？牡丹之爱，宜乎众矣。

宋代蜀锦以纹样秀美雅致著称，一方面继承了唐代写生花鸟图案的艺术手法，另一方面发展出了在几何骨架上满布规矩花纹的清秀典雅的装饰图案风格，其中较有代表性的有铺地锦、八答晕锦、灯笼锦、樗蒲锦、落花流水锦等。在锦面上满布纤巧秀丽的锦纹称为"满花锦"，若再缀以大朵的装饰花纹，就称作"铺地锦"或"锦上添花锦"。

天下第一蜀锦《清明上河图》局部

元代蜀锦的产品基本上承袭了宋代锦的纹样风格。在缠枝花卉的应用上，金代女真人官服制度上就有明确规定，用缠枝花朵大小定品级尊卑，三品以上的官员许用大缠枝，其余用小缠枝，花朵变化很多，色调丰富。蒙古贵族爱好织金锦作装饰，元代生产的一种名为"纳石矢"的金锦十分著名，普遍装饰在贵族的官服和衣领边沿。元代统治阶级为了限制民众的反抗，普遍实行"火禁"，晚上不许老百姓点灯，使成都民间的丝织生产受到很大的限制。朝廷在成都设有绫锦局，但规模和产品远不及前代。

明代蜀锦在技法上继承了唐宋以来盛行的卷草、串枝、散花、折枝花卉等纹样章法，并创造了许多新的样式，如落花流水锦就有多种不同纹样的产品，樗蒲锦、灯笼锦、宝照锦也得到了进一步发展。

四川博物院藏的一幅明代生产的卷草蝴蝶纹锦，以枝叶缠卷的艺术形式，流畅自如的线条组成一个个相互串接的蝴蝶纹样，层次丰富，色调明朗，形态活泼、新颖，是一幅构思十分精巧的佳作。

清代的蜀锦图案多以写生花鸟和团花为主，同时继承发展了宋明时代的传统纹样。

清代蔓草蝴蝶纹蜀锦（丝织品）

成都蜀锦织绣博物馆

成都蜀锦织绣博物馆（蜀江锦院）是全国最大的蜀锦蜀绣文化传承基地与研究中心，秉承了两千多年来的蜀锦传统工艺，也是全国唯一拥有全套手工蜀锦制作工艺和蜀锦历史文化展示的专业场馆。馆内文物藏品丰富，基本展陈分为丝绸起源、历代蜀锦、刺绣历史、明清服饰、织机沿革、蜀锦技艺等内容。馆内还设有大型蜀锦织造工场和蜀绣技艺展示馆，可以进一步了解蜀锦及蜀绣的制作工艺，参观从桑蚕丝到蜀锦、蜀绣制作的全过程。2006年，蜀锦织造技艺经国务院批准被列入第一批国家级非物质文化遗产名录。

蜀锦花楼机

"五星出东方利中国"织锦

1995 年，在新疆尼雅遗址的一座男女合葬墓中，出土了大名鼎鼎的"五星出东方利中国"织锦。织锦出土时就系在男性墓主人的右臂上，直观上看，是被剪裁为圆角长方形的彩色面料，长 16.5 厘米、宽 11.2 厘米，以白绢镶护四边，两长边上各缝缀有 3 条白色绢带，长 21 厘米，其中 3 条已残断。织锦上有上下两行相同的 8 个篆体汉字——"五星出东方利中国"。这一内容可与《史记·天官书》《汉书·天文志》相对应，并见于《汉书·赵充国传》等史籍。

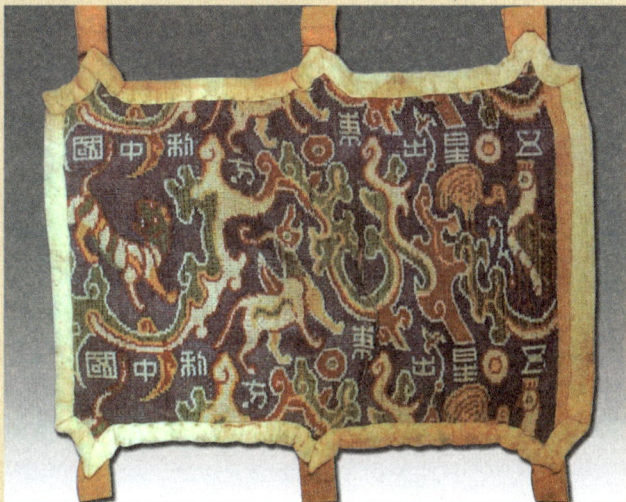

尼雅遗址 "五星出东方利中国"锦质护膊汉晋

"五星出东方利中国"是中国古代占星用语，五星指水、火、木、金、土五大行星，"东方"是中国古代星占术中特定的天穹位置，"中国"指黄河中下游的京畿地区及中原。五星连珠的星象一直都被认为是吉祥之兆。这句话的意思是：五星同时见于东方的上空，有利于中原作战。专家推测这块织锦的质地即为蜀锦。

形形色色的幌子

　　幌子是中国传统文化的重要载体，商业的繁荣、民众的心态和世俗风尚，皆可由幌子折射出来。北宋画家张择端所绘的《清明上河图》中，有数量众多、色彩艳丽的幌子随风飘舞，摇曳多姿，似乎是在向世人展示宋代繁华的市井生活。

何为幌子？在传统社会，幌子通常和招牌合称为"招幌"。幌子是行业标志，以展示实物、模型、图画、文字或特定的符号等方式，将经营内容或商品种类等信息传达给消费者。它以实物或象征性物象标志为主要形式，是可以摘挂或携带的动态招徕标志。狭义的"招幌"专指幌子，因招幌的功能在于招徕生意，所以幌子亦通谓"招幌"。

《清明上河图》

中国北宋风俗画。绢本，淡设色，纵 24.8 厘米、横 528.7 厘米。现藏于故宫博物院。一般认为《清明上河图》描绘的是北宋东京汴梁及汴河两岸清明时节的风光。画面细节刻画真实，桥梁的结构，车马的样式，人物的衣冠服饰，各业人员的不同活动等，描画具体入微，生动丰富。画中人物多达 500 余人，不仅衣着不同，神情气质也各异，而且穿插安排各种活动，其间还充满着戏剧性的情节冲突。作品写实性很强，时代气息浓厚，是了解 12 世纪初中国中原城市生活极其重要的形象资料。

北宋张择端绘《清明上河图》局部

幌子出现于何时

幌子的出现离不开商业的发展。幌子最早用于商业经营，是两千多年以前的事情。当时经商的形式主要分为两种，即坐商和行商。坐商因为拥有固定的经营场所，不能像行商一样走街串巷，采用生动的叫卖声去吸引顾客。他们要将顾客吸引到店铺内，必须采用一种可以长久保持的广告形式。于是，他们将经营的物品直接陈列出来吸引顾客，这样，就出现了最早的实物类型的幌子。

早在春秋战国时期，《韩非子》中就记载了"自相矛盾"的典故：楚人有鬻盾与矛者，誉之曰："吾盾之坚，物莫能陷也。"又誉其矛曰："吾矛之利，于物无不陷也。"这应该就是最早的实物类幌子。当时，除了直接陈设的实物类幌子外，还逐步发展出抽象化的幌子，比如"帜"和"表"，指代的都是酒旗、酒幌。可见，春秋战国时期，酒旗被高悬在酒店门前，人们从远处便可望见。

尽管自秦汉以来，幌子已经出现在商家的经营活动当中，但真正将其大规模地运用到商业范畴内，则是在隋唐以后，尤其是宋明

《韩非子》

战国末期思想家韩非的著作集。全书总结了商鞅、申不害和慎到三家的思想，提出了一套法、术、势相结合的法治理论。《韩非子》的编者是西汉刘向。刘向离韩非近百年，对韩非一些文章的真伪已难于一一辨明。其中，《有度》《饬令》等篇恐非韩非所写，其余各篇大体都是韩非的著作。

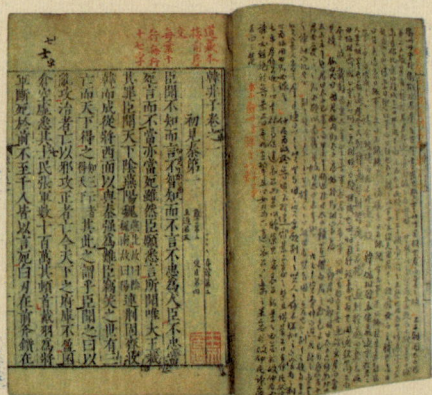

《韩非子》明刻孤本

以来的事了。当时的民间商贸活动已经相当发达，无论商业贸易还是手工制造业，都在广泛地使用幌子。

幌子分为哪几类

幌子可以分为实物类幌子、模型类幌子、象征类幌子和文字类幌子四大类。

最早的幌子是将实物直接展示在顾客面前，即实物类幌子。这类幌子取材方便、简单易行、成本低，但是易碎、易腐烂、不易保存的商品不能使用这种广告方式，如酒、油、饮料等液体商品；有些实物不宜长时间裸露陈展，如肉类、熟食等食品；有些行业不存在用作实物招幌的商品，如行医、算命、收购、修理等行业。

模型类幌子是以特定的模型作为标志，将商品放大、夸张或者变形处理，代替实物做广告。它克服了实物类幌子易损、易旧而不便保存的弊端，经久耐用且无需频繁更替。如梳子店门前挂一只放大数倍的大木梳，烟袋铺前悬挂特制的大烟袋，寿衣铺前竖立一只逾尺高的大黑靴等。这些模型幌子因大出实物商品数倍而十分醒目，起到引起

你知道吗？

有人对古典名著《水浒传》做过专门的统计，仅这部作品中出现过的酒肆店家就有60多个，有酒旗、酒望、酒筛、招旗、草帚等不同名目的幌子。一来说明作者施耐庵确实有很真切的生活体验，二来也从侧面证实当时的商贾经营到了十分繁盛的程度。

老北京"同昌号"的招幌

人们注意、诱发人们好奇心而购买商品的作用。

象征类幌子是模型类幌子的延伸，是一种把经营的商品形象化、隐喻化的招幌类型。如药酒葫芦幌，即在红色的酒葫芦模型幌体上下分别镂有象征籽实的小方孔，葫芦腰部扎象征草药的绿色饰带，底部缀红幌绸装饰。又如典当行悬挂钞桶，系由钱串模型变化而成，隐喻其行业经营活动主要是金钱流通，以物抵钱。

文字类幌子以在幌子上书写特定的文字作为行业标识，可分为单一式文字幌子和复合式文字幌子。单一式文字幌子形式大都比较简单，直接在牌、布、纸上书写经营内容，如旧时典当行写"当"字，酒铺写"酒"字，茶庄写"茶"字。相对而言，复合式幌子是以幌子的形制、色彩的标识性为主，文字为辅。如清末民初北京崇文门大街一带的门前便悬挂各式油篓，并写有"酒""油""酱油"等字样，以此来招徕生意。

江南春

唐·杜牧

千里莺啼绿映红，

水村山郭酒旗风。

南朝四百八十寺，

多少楼台烟雨中。

浙江湖州南浔镇老当铺

江苏周庄酒馆外挂的招幌

水村山郭酒旗风

说到幌子，古人常将幌子等同于望子，即酒旗。明清的许多学者也认为幌子出自酒旗——望子的音讹，因酒旗能招引顾客远望之功用而得名，并相沿成习。酒旗还有一个重要的作用，那就是酒旗的升降是店家有酒或无酒、营业或不营业的标志。早晨起来，店家开始营业，有酒可卖，便高悬酒旗；若无酒可售，就收下酒旗。

幌子最初特指酒旗。先秦时期，《韩非子》中有"为酒甚美，县（悬）帜甚高"的记载，这里的"帜"就是早期的酒旗。到了唐代，饮酒之风日盛，酒店多悬挂长方形布幔，中间书写斗大的"酒"字，于是幌子就被引申为酒旗的别称。后来，酒旗逐渐发展成为一种十分常见的市招，五花八门，异彩纷呈。

唐宋时期，由于酒幌遍布街市，数量众多，渐成风气，便形成"酒旗风"之说，酒旗成为民俗生活的标志物。酒旗大致可以分为三类：一是象形酒旗，以酒壶等实物、模型、图画为特征；二是标志酒旗，即旗幌及晚上灯幌；三是文字酒旗，以单字、双字甚至是对子、诗歌为表现形式，如"酒""太白遗风"等。在后世的发展中，酒幌又逐渐衍化出简单与精致两种，简单的酒幌仅是一块青帘制成即可；精致一些的则制成五彩酒旗，唐朝诗人韦应物《酒肆行》中说"碧流玲珑含春风，银题彩帜邀上客"，诗中的"彩帜"指的就是五彩酒旗。这种"彩帜"不仅五颜六色、色彩鲜亮，而且中间题写银色"酒"字，相互映衬，格外引人注目。

通常情况下，幌子需要常年悬挂，但有时也有季节和时令特点。每逢岁时节日，店铺前要悬挂大红灯笼，春节前夕需更换新幌。宋代汴京"中秋节前，诸店皆卖新酒，重新结络门面彩楼，花头画竿，醉仙锦旗"。现在，幌子随季节和时令的变化而变化，已超越作为行标的识别功能，而具有迎新辞旧、喜迎佳节的深层民俗文化意义。

一枕清凉入梦来

据《说文解字》记载："枕，卧所荐首也。"可见，枕最基本的功用是作为寝具。人类最早用天然石块作为枕头，后逐步扩大到使用其他的材质，如木、玉、铜、竹等。在考古出土的中国古代枕类文物中，数量最多的当数陶瓷枕。瓷枕最早创烧于隋代，唐代以后开始大量生产，并逐渐成为人们喜爱的枕具。到了两宋及金、元时期，瓷枕的发展进入繁荣期，产地遍及南北，造型非常丰富。在瓷枕发展历程中还有一个特点，即早期枕型较小，越向后期枕型越大，至元代以后，更显壮硕。瓷枕的枕面

宋代莲花纹瓷枕

有一层瓷釉，夏天枕于其上冰冰凉凉的，睡起觉来相当凉快。所谓"半窗千里月，一枕五更风"，恐怕就是古人对瓷枕的厚爱了。

隋唐时期陶瓷枕

从传世和发掘出土的陶瓷枕来看，隋唐时期的陶瓷枕以小型医用脉枕为主，作为寝具的头枕少见。中医切脉诊病，历史悠久，相传汉代医圣张仲景诊脉即用脉枕。河南安阳隋代张盛墓出土的一件白釉瓷枕模型是迄今发现的最早的瓷枕。其造型为长方形，中间低，两端稍高。由于张盛墓出土了许多日用器具的陶瓷模型，这件白釉瓷枕从尺寸上看也应是头枕模型。

唐代是陶瓷枕制作的一个高峰，特别是作为医用的脉枕，在越窑、长沙窑和巩义窑等许多著名窑口均有烧造。唐代陶瓷脉枕在造型上主要有倭角方枕、如意头状枕、象形枕、力士枕、四连环枕等。从胎釉种类上看，以越窑青瓷，巩义窑三彩和绞胎、绞釉，长沙窑青釉和黄釉褐绿彩装饰较为常见。考古发掘出土的唐代陶瓷枕不仅数量多、地域广，而且构思巧妙，具有高度艺术性。

河南省巩义市北石村出土的唐代越窑刻花如意头状脉枕，体呈如意头状，枕面及枕上部刻缠枝花草纹。除底面外，均施青釉，胎为灰色，正侧

中国古代名医

扁鹊（公元前5世纪）
战国时期医学家，中医利用切脉断诊的创始人，据传《难经》为扁鹊所作。

华佗（2—3世纪）
东汉医学家，发明了麻沸散，擅长针灸和外科手术，创编了五禽戏。

张仲景（2—3世纪）
东汉医学家，中医临床理论体系的开创者，著有《伤寒杂病论》。

孙思邈（581—682）
编著有《备急千金要方》，简称《千金方》，全书集录东汉至唐初各家医论、治疗方剂，并将个人治疗经验融汇其中。

李时珍（约1518—1593）
明代医药学家，著有《本草纲目》，此书是中国古代药学史上篇幅最大、内容最丰富的药学巨著。

唐代越窑刻花如意头状脉枕

面下方有一圆形透气孔。用如意头做造型，赋予其祝愿病人恢复健康、心想事成的文化内涵。结合浙江鄞县东钱湖窑场、上虞窑场以及上林湖窑场遗址出土的脉枕标本，这件瓷枕制造年代应属晚唐到五代期间。

越窑青瓷作为唐代南方青瓷的代表，无论是制作工艺或是装饰手法都代表着中国当时工艺的最高水平，特别是晚唐到五代时期吴越国钱氏割据政权控制的越窑场，专烧供奉用的青釉瓷器，因秘不示人而被称为秘色瓷。从烧制时间并结合考古发掘的秘色瓷胎釉来看，这件青釉瓷枕釉色青绿，润泽如玉，胎骨精细坚致，造型别致，线条流畅，工艺精湛，可能就属越窑秘色瓷的精品之作。

唐代越窑秘色瓷八棱净瓶

唐代巩义窑三彩象形脉枕的枕面呈椭圆形，塑一站姿立于长方形倭角底板上的大象作枕座承托枕面。象躯体肥硕敦实，粗颈大耳，四肢粗壮有力。加上腹体下垂至底板向里卷起，使得枕面显得极为稳重。通体施明亮的褐、绿、黄等色釉。

唐代绞胎枕为长方形，枕面微凹，通体用白、褐两种瓷土绞织而成，大体为椭圆形，枕面前低后高，后侧面有一小孔，通体为赭白二色胎相纹。褐色的纹路像波浪一样，一波紧跟一波，层层向外开，极像树木年轮。中间下陷的地方，纹路渐渐汇聚在一起形成四方的形状，以此来统领着整个脉枕的纹路。巩义窑是唐代著名的一个窑口，除烧造青瓷和白瓷外，唐代创烧的唐三彩、绞胎、纹釉以及唐青花都在中国陶瓷发展史上占有极其重要的地位。这两件绞胎枕和三彩象形脉枕是唐代巩义窑脉枕的代表作品。

巩义窑三彩绞胎长方枕　　　　　　巩义窑绞胎枕

绞胎

　　绞胎工艺肇始于唐，作为一种特殊的艺术瓷烧造工艺一直沿用至今。唐代的绞胎器多为黄冶窑制品，器形较多，以瓷枕为主。到了唐代晚期，越窑遗址中出现绞胎器，器形只见瓷枕。宋代绞胎器多出土于磁州窑系的遗址。到元代，景德镇开始烧造绞胎器，以高足杯和盘为主。明代绞胎器逐渐消失，直至中华民国时期才逐渐恢复生产。

　　绞胎是将颜色深浅不同的泥做成坯，或切成薄片贴于胎表，然后放置到陶范中挤压成型。柔软的各色泥在压力的作用下相互掺和，出现鸡翅纹、木理纹、团花纹等多种效果。

　　长沙窑创烧于唐代，至中晚期发展到鼎盛时期。长沙窑是著名的外销瓷器窑，以它独树一帜的艺术风格在中国陶瓷史和中西文化交流中有着不可替代的地位。长沙窑的釉下彩装饰，从最初单一的褐彩逐渐发展到褐绿两彩，一般情况下，先用绿彩勾轮廓，

唐代长沙窑釉下绿彩长方枕

再用褐彩描绘细部，装饰纹样有动物的腿、嘴、羽毛、植物的叶脉、山石的肌理、人物衣纹等，线条刚柔相济，色彩对比协调，若是写意装饰则浑然天成，线条奔放洒脱。台湾历史博物馆收藏的唐代长沙窑鸟纹枕，呈倭角长方形，枕面以黄绿两彩彩绘双鸟及羽状的叶纹，黄褐彩描绘鸟纹的眼睛、羽毛、叶脉等，线条十分纤细，笔触流畅自然，充满着生命力，彩绘工匠的绘画功力极为不凡，堪称唐代民间艺术的代表作。

宋代陶瓷枕

进入宋代，人们逐渐认识到瓷枕具有清凉去热的特性，从而开始把它作为驱火明目、延年益寿的夏令寝具，由于作为寝具要比作为医用脉枕使用量大得多，所以宋代陶瓷枕的需求量

宋代三彩划花人物图扇形枕

极高，于是各大瓷窑开始大量生产，使宋金元时期我国陶瓷枕发展达到高峰。这一时期陶瓷形体变大，高大都在10—14厘米，长度达30—40厘米。枕的造型更多，有长方形、腰圆形、如意头形、八方形、六角形、人形、虎形、狮形、花瓣形、

元代磁州窑白地黑花人物图厂方枕

124

鸡心形、银锭形等。釉色
有白釉、白釉黑花、三彩、
黑釉、酱釉、影青、珍珠底、
钧瓷月白釉等。

　　宋金陶瓷枕的装饰纹
样极其丰富，除常见的人
物、山水、花鸟、走兽、
游鱼、警言诗句，有的还
题写宋金两代流行的"词
牌""曲牌"。这一时期

金代白地黑花回文诗八角形瓷枕

的陶瓷枕基本为民间生产，瓷枕的造型与纹饰直接或间接反映了宋
人社会生活的文化、习俗、时尚和追求。不仅极富民间生活气息，
也具有很高的艺术水平，为研究当时的工艺美术史提供了珍贵的实
物资料。特别是磁州窑系瓷枕中还可经常看到一种特别流行的商家
广告现象，就是在枕底压印戳记"某家造"，类似现代的商标。

　　宋代白釉黑彩鹰逐兔枕呈椭圆式，前低后高，枕面微凹。枕面绘
黑彩鹰逐兔纹，四周绘黑彩花叶纹，施白釉底部露胎，印楷书"张家造"。

金代褐釉黑花虎形
枕呈卧虎形，微弯曲，
虎头置于并拢平伸的前
肢上，尾前翘紧贴其身。
用黑褐二色绘出山石、
树木、雁、猴、鹿等图画，
用黑彩画出虎身斑纹。

　　宋代三彩荷叶童子
枕枕面为荷叶形，其下
是一童子伏卧于长方形
托板之上，童子向左侧

金代水鸟纹虎形枕

125

躺卧，右臂袒露，手握盘条，左肩披长衫，臂向前弯曲，用力支撑身体，童子赤足，着短裤，右膝向前拱曲，左腿后蹬，作欲跃状。

宋代三彩听琴图枕呈长方形，前低后高，枕面中心为开光听琴图。图中有前后四人：前二人坐于毯罽之上，右一人头系绿巾，身穿绿袍，膝上置琴，两手作抚弹状，左一人头系黄巾，身着绿袍，作拊掌谛听状；后有二童仆，一人左手持杯，右手执壶煮茶，一人拱手侍立。枕面四角为开光婴戏图，一角童子肩负钓竿，一角童子手牵傀儡，旁置陀螺戏耍，另两角皆为童子荷莲图。这件瓷枕画面反映的听琴图场景虽与宋徽宗所绘的《听琴图》中场景有一些差别，但大的意境中又有一定的联系。

宋代白釉珍珠地开光刻辞瓷枕呈花瓣式，前低后高，枕面刻赭彩长方形

北宋赵佶绘《听琴图》

吟徵調宮竈下桐
松間疑有入松風
卻窺低審含情客
以聽無絃一半中
日永詩题

聽琴圖

宋代白釉珍珠地折枝牡丹纹腰圆枕

开光"水龙吟"辞赋。计10行，每行 10—12 字，共 102 字。开光上部和左右两侧有珍珠地折枝花作辅助纹饰。所刻文字中有几个字与原词有所区别，但多数属同音别字，可能是工匠笔误和曲解所致，这种现象在这一时期陶瓷器上的文字内容中比较常见。开光上部和左右两侧有珍珠地折枝花作辅助纹饰。

明清陶瓷枕

明清时期，随着更为优质的制枕材料出现，陶瓷枕作为寝具慢慢地退出了历史舞台，却成为婚丧风俗中的常见物。有些地方将瓷枕视为陪嫁品，在姑娘出嫁时，娘家要陪嫁一对瓷猫枕或美人枕。明清时期的墓葬中也常出土有陶瓷枕。在湖北襄樊的一座明代墓葬中，考古人员在墓主人头下发现一个陶枕。这个陶枕长 30 厘米，青灰色，两头翘起，中间略带弧形，两侧还刻有花纹。在重庆江津的一座清代墓葬中也出土了一个瓷枕，呈"凹"字形，枕中部半圆形，周边堆饰莲花纹，枕面施青绿及红褐釉，两侧施黄釉，其下镂刻古钱币纹饰。此外，传世的明清日用陶瓷枕中也不

清代粉彩宝相花扁方形枕

乏精品之作。如清代八宝纹粉彩瓷枕呈长方形，背部拱起，通体用粉彩满饰八宝纹，两侧镂雕金钱纹，寓意吉祥如意，灿烂艳丽，画工精细。再如清代粉彩花卉枕，体呈长方形，枕面和底部饰粉彩花卉为底，中间开光内有一组花卉。枕前后面饰粉彩花卉为底，中间是两组开光花卉纹，枕两端分别为椭圆形口和镂空双钱纹。

明代陶瓷枕以地方民窑烧制的三彩和灰陶枕较多，清代以景德镇窑烧制的彩瓷枕为主。在装饰上除常见的主体花卉、人物和动物纹样外，在枕的侧面多有镂孔钱纹装饰，反映了这一时期的民俗之风。

据说乾隆皇帝就非常钟爱孩儿枕，有一次得到了一件孩儿枕后，诗兴大发，题了一首诗："瓷枕通灵气，全胜玳与珊。眠云浑不觉，梦蝶更应安。僧榻雨花乱，客衾霜月寒。卢生如识此，岂复叹邯郸。"

古人为什么喜欢睡硬枕？

古人的枕头有石块、陶瓷、竹、木头或金属等质地，大多又高又硬。在我国的一些地区也有睡硬枕的习俗，比如"陕西十大怪"中的"睡觉枕石块"。古人十分讲究"身体发肤，受之父母"，对于头发很看重，不轻易剪发，平日将头发盘成复杂的发髻，尤其是隋唐五代时期的女性，特别喜欢高耸华丽的发髻，睡觉时依然用钗或簪固定发髻，如果使用软枕容易弄乱发型，睡硬枕则可固定发髻。虽然硬枕是古人的首选，但也不乏各种特色软枕，只不过由于材质的原因，遗留下来的软枕较少。